艺术体育
高校学术研究论著丛刊

体育舞蹈大众健身理论与方法指导

戈俊 著

中国书籍出版社
China Book Press

图书在版编目(CIP)数据

体育舞蹈大众健身理论与方法指导 / 戈俊著. —北京：
中国书籍出版社，2019.6
ISBN 978-7-5068-7360-4

Ⅰ.①体… Ⅱ.①戈… Ⅲ.①体育舞蹈 Ⅳ.
①G831.3

中国版本图书馆 CIP 数据核字(2019)第 140579 号

体育舞蹈大众健身理论与方法指导

戈 俊 著

丛书策划	谭 鹏 武 斌
责任编辑	张 娟 成晓春
责任印制	孙马飞 马 芝
封面设计	东方美迪
出版发行	中国书籍出版社
地 址	北京市丰台区三路居路 97 号(邮编：100073)
电 话	(010)52257143(总编室) (010)52257140(发行部)
电子邮箱	eo@chinabp.com.cn
经 销	全国新华书店
印 刷	三河市铭浩彩色印装有限公司
开 本	710 毫米×1000 毫米 1/16
印 张	13.25
字 数	172 千字
版 次	2020 年 1 月第 1 版 2020 年 1 月第 1 次印刷
书 号	ISBN 978-7-5068-7360-4
定 价	70.00 元

版权所有 翻印必究

目 录

第一章　体育舞蹈概述 … 1
- 第一节　体育舞蹈的起源与发展 … 1
- 第二节　体育舞蹈的分类与特点 … 9
- 第三节　体育舞蹈的基础知识 … 17

第二章　体育舞蹈参与的多元价值 … 35
- 第一节　体育舞蹈的健身价值 … 35
- 第二节　体育舞蹈的健心价值 … 49
- 第三节　体育舞蹈的健美价值 … 54
- 第四节　体育舞蹈的社会适应性价值 … 57

第三章　体育舞蹈全民参与的可持续发展 … 61
- 第一节　全民健身及其发展 … 61
- 第二节　体育舞蹈的全民参与现状 … 71
- 第三节　体育舞蹈在全民健身中的地位与作用 … 77
- 第四节　体育舞蹈健身俱乐部的可持续发展 … 79
- 第五节　体育舞蹈健身社会组织的可持续发展 … 80

第四章　大众体育舞蹈健身的科学理论指导 … 85
- 第一节　大众健身性体育舞蹈的创编 … 85
- 第二节　体育舞蹈健身的饮食与卫生 … 98
- 第三节　体育舞蹈健身的运动安全 … 101

第五章　体育舞蹈基础技法健身学练指导 … 114
- 第一节　基本姿态 … 114
- 第二节　把杆基础 … 134
- 第三节　舞步基础 … 139

第六章　体育舞蹈细分舞种健身学练指导 …………… 146
第一节　摩登舞 ……………………………… 146
第二节　拉丁舞 ……………………………… 158

第七章　体育舞蹈拓展项目健身学练指导 …………… 181
第一节　排舞 ………………………………… 181
第二节　民族舞 ……………………………… 186
第三节　广场舞 ……………………………… 201

参考文献 …………………………………………… 204

第一章 体育舞蹈概述

体育舞蹈是所有体育运动中最灵动出彩的一个运动项目。体育舞蹈集体育、音乐、舞蹈于一身,在体育舞蹈运动过程中能获得多种运动体验和全方位的健身功效。本章系统全面地就体育舞蹈的基本理论知识进行详细阐述,以为运动者深入了解和认识体育舞蹈提供理论指导。

第一节 体育舞蹈的起源与发展

一、体育舞蹈的起源

(一)体育舞蹈的萌芽

舞蹈起源于远古人类社会,伴随着生产劳动而产生,是人们交流思想和表达感情的重要方式。

体育舞蹈是舞蹈的一个重要分支,其是从舞蹈内容中分化出来的一种具有体育性质的舞蹈,与舞蹈的源起一致。

(二)体育舞蹈的形成

体育舞蹈是在人类的社交活动中逐渐形成的。人具有社会属性,在原始社会时期,人类早期社交需求和活动就已经开始逐渐出现,体育舞蹈正是对早期人类社交需求的一种满足,对沟通人际关系具有重要促进作用。

现代体育舞蹈起源于西方,在长期的发展过程中,经人们不断改编、加工、整理,其内容和表现形式不断丰富,最终形成现代人们熟悉的运动形式。例如,从早期农民舞蹈,到"低舞"和"孔雀舞",体育舞蹈不仅内容发生了变化,在舞蹈形式上,也由同性之间的舞蹈改为男女舞伴共同跳舞的舞蹈表现形式。

16世纪,英国经济发达,百姓休闲时间充裕,并且注重娱乐休闲。在英国,无论是贵族阶层,还是普通百姓,都喜欢在休闲时间跳一种被称之为"乡村舞"的舞蹈。17世纪后,体育舞蹈开始在法国广泛流行,当时流行的舞种是"小步舞"。18世纪时,维也纳和奥地利开始广泛流行华尔兹舞,这一时期的华尔兹舞蹈已经发展较为成熟,与现代华尔兹十分相似。18世纪末,古老的奥地利农民舞蹈开始在上层社会广泛流行开来。至此,华尔兹舞蹈在全法国范围内广泛开展来,为欧洲此后的体育舞蹈发展奠定了社会基础。

19世纪初,华尔兹发展迅速,男女舞伴的近距离搂抱更是极大地促进了体育舞蹈发展,这一发展可以说是突破性的。新的异性肢体接触在体育舞蹈中出现之初,受到了封建思想的猛烈抨击,但是这些抨击并不能阻止体育舞蹈的发展。这种新的舞蹈形式改变了传统舞蹈观念,无论从舞蹈形式,还是舞蹈思想上,都是一种新的进步,标志着体育舞蹈进入一个新的发展时期。

20世纪初,"体育舞蹈"一词首次出现,同一时期,慢华尔兹舞开始出现并广泛流行。北美和南美地区的一些国家中的体育舞蹈发展迅速,舞种多样,舞蹈成为人们业余休闲时间经常参与的体育运动形式。狐步、快步、伦巴、慢四步、桑巴等舞种在当时更是广泛流行。

20世纪以后,更多风格和特色的体育舞蹈的舞种开始出现,1924年,为了规范交际舞,英国皇家舞蹈教师协会对体育舞蹈的各舞种进行整理,制订推出了各舞种标准动作、形式。

随着体育舞蹈的广泛发展,参与体育舞蹈的人数越来越多、开展体育舞蹈的区域范围越来越广,体育舞蹈开始从小众走向大众、从地区走向国际、从健身走向竞技、从休闲娱乐走向规范化。

体育舞蹈经历了原始舞蹈→公众舞→民间舞→宫廷舞→社交舞(舞厅舞、交谊舞)→新旧国际标准舞的演变,并最终成为一种独立的舞蹈形式。

二、体育舞蹈的发展

(一)世界体育舞蹈的发展

体育舞蹈正式形成(舞蹈形式确定,但舞蹈名称还没有确定,通常是各种名称混称)之后,在全世界范围内快速发展。在体育舞蹈的发展过程中,体育舞蹈组织和赛事起到了重要的发展推动作用。体育舞蹈的发展表现具体如下:

1. 体育舞蹈组织的发展

体育舞蹈的发展过程与体育舞蹈相关组织的管理、竞赛组织,以及各种推广工作的开展密不可分。

(1)国际体育舞蹈联合会(FIDA)

1935年12月10日,国际业余舞蹈者联合会(FIDA)在布拉格成立,这是世界范围内的第一个体育舞蹈国际组织。该组织为推广和促进体育舞蹈的发展发挥了重要作用。

1957年,国际业余舞蹈联合会更名,新的名称为国际业余舞蹈理事会(ICAD)。

1990年,ICAD更名为国际体育舞蹈联合会,从名称变化来看,更加明确了对体育舞蹈在全世界范围推广的责任,也重申了本组织的国际地位。

1992年,国际体育舞蹈联合会(IDSF)加入国际单项体育运动联合会总会(GAISF)。

1995年,国际体育舞蹈联合会(IDSF)成为世界运动协会(IWGA)

和国际体育总会(ARISF)会员。

1997年9月,国际奥委会承认体育舞蹈的合法性,国际体育舞蹈联合会(IDSF)成为体育舞蹈的唯一国际组织。

IDSF是世界体育舞蹈著名的组织机构之一,主要负责管理世界业余舞蹈及体育舞蹈的比赛工作,以及各国之间的舞蹈和体育舞蹈的交流工作。它的出现促进了体育舞蹈在世界范围内的广泛交流与各种体育舞蹈活动的开展。

在IDSF各项工作的努力推动下,体育舞蹈发展迅速,成为在世界范围内影响广泛的体育运动项目。

(2)英国摩登舞国际理事会(ICBD)

1950年,ICBD主办了体育舞蹈大赛——"BLACKPOOL DANCE FESTIVAL",即享有盛誉的国际黑池舞蹈节。国际黑池舞蹈赛代表着世界体育舞蹈的最高水准。

(3)国际交际舞理事会

1950年,国际交际舞理事会(也称"国际交际舞协会")正式成立。为了促进体育舞蹈的发展,国际舞蹈委员会制定了规范的体育舞蹈比赛规则,并在1959年的第1届业余和职业世界舞蹈锦标赛中被使用。

(4)世界舞蹈理事会(WDC)

1994年,以英国为首的职业舞协——国际标准舞竞技协会(ICBD)更名为世界舞蹈及体育舞蹈理事会(World Dance and Dancesport Council,WDDSC),它是世界体育舞蹈著名组织机构。

2006年,世界舞蹈及体育舞蹈理事会更名为世界舞蹈理事会(World Dance Council,WDC),它包括三个国际体育舞蹈组织,即国际舞蹈机构(IDO)、世界竞技体育舞蹈组织(DSC)、国际国标舞联合会(IBDFI)。

WDC的组织职责是负责世界体育舞蹈的赛事组织和管理,主要负责管理职业体育舞蹈赛事。WDC为现代体育舞蹈在世界范围内的推广、普及、发展发挥了重要的推动作用。

2. 体育舞蹈的竞技化发展

体育舞蹈在世界范围内广泛流行之后，像许多体育运动项目一样，开始走上竞技化发展道路。

1959年开始，世界范围内的业余世界舞蹈锦标赛、职业世界舞蹈锦标赛正式举办，此后每年举办一次，体育舞蹈的十个舞种均被列为正式比赛项目。

体育舞蹈在世界范围内引起了广泛的影响，经过体育舞蹈组织和爱好者的不断努力，体育舞蹈积极争取进入奥运会，1995年，国际奥委会将体育舞蹈列为奥运会"观察项目"。

20世纪80年代，体育舞蹈的运动水平不断提高，为了促进和规范体育舞蹈的发展，体育舞蹈的规则几经变革，日益严谨，体育舞蹈在竞技化道路上又迈进了一大步。

20世纪90年代开始，体育舞蹈逐渐发展成熟，作为竞技体育运动项目（包括十个舞种），其在竞技体育领域发展迅速，体育舞蹈被注入了竞技体育新活力。

2000年，体育舞蹈出现在悉尼奥运会表演项目中，体育舞蹈进入奥运会的决心更加坚定。可惜的是，直到目前为止，体育舞蹈还不是奥运会正式比赛项目。

2005年的亚洲室内运动会、2010年第16届亚运会，体育舞蹈都是正式的比赛项目。

2013年，在体育舞蹈大奖赛、世界运动会、世界体育舞蹈巡回赛上，体育舞蹈开始使用新评分系统。这套评分系统能在最短时间内进行竞技评价，是奥运会承认的评分系统。这就意味着体育舞蹈向奥运会更进一步地迈进。

目前，体育拉丁舞已经申奥，并有望出现在2020东京奥运会上。进入奥运会是体育舞蹈发展的大势所向。

3. 体育舞蹈健身的发展

体育舞蹈以其独特的运动魅力和文化吸引着世界各国、各地区人们的参与,体育舞蹈不仅有良好的健身、塑形价值,还能为舞者的心理健康的发展奠定良好的基础,并促进不同舞者之间的交往。

在发展之初,体育舞蹈就是百姓娱乐和交际的重要活动形式,在民间广泛流传,为丰富百姓业余精神生活、强身健体发挥着重要作用。

经过漫长的发展历程,体育舞蹈的健身健心和社交价值一直都不曾减退,甚至发挥更胜。体育舞蹈为大众提供了更丰富的健身内容。

总的来看,当前世界体育舞蹈发展迅速,运动员技能水平不断提高,世界体育舞蹈的格局也在发生着不断的变化,呈现出"百花齐放"的局面。

(二)中国体育舞蹈的发展

体育舞蹈于 20 世纪 30 年代传入我国,最初在沿海几个大城市流行。20 世纪 80 年代以后,国外国际标准交谊舞专家多次来我国进行表演与教学,我国体育舞蹈的发展局面迅速打开,国内掀起了体育舞蹈的学习热潮。

下面主要从竞技发展、教学发展、健身发展三个方面对体育舞蹈在我国的发展情况进行概括分析。

1. 我国体育舞蹈的竞技化发展

1991 年,我国成立中国体育舞蹈协会,主要负责体育舞蹈的培训与竞赛举办,为我国体育舞蹈的竞技化发展奠定了良好的技术基础和组织基础。

1994 年,我国正式加入国际舞蹈运动联合会,开始了中国体育舞蹈走向世界的新局面,我国体育舞蹈运动员积极参加国际比赛,并取得了良好的成绩。

2002 年,原中国体育舞蹈协会与中国业余舞蹈竞技协会联合组成中国体育舞蹈联合会,由国家体育总局直接管理。

2004年,我国体育舞蹈选手栾江和张茹获得了黑池大赛职业新星拉丁组冠军,实现了我国金牌零的突破。

2010年,广州亚运会上,体育舞蹈是正式比赛项目。在这场家门口的运动会上,我国体育舞蹈队表现出色,包揽10个单项的金牌,创造了历史佳绩。

2011年,我国体育舞蹈队参加黑池舞蹈比赛,包揽拉丁舞前三名。

2016年4月,"世界体育舞蹈精英赛暨第2届中国京津冀体育舞蹈公开赛"顺利开赛,这是我国体育舞蹈比赛中级别较高的一项赛事。我国作为新生代的体育舞蹈发展国,表现出了良好的竞技水平。

在世界范围内,我国竞技体育舞蹈发展速度之快、水平之高令全世界瞩目,也正因如此,中国体育舞蹈被称为"亚洲体育舞蹈发展的发动机"。[①] 我国竞技体育舞蹈的快速、高水平发展不仅为我国竞技体育发展做出了重要贡献,同时,也为世界竞技体育舞蹈的发展和世界竞技体育发展做出了重要贡献。

2. 我国体育舞蹈教学的发展

体育舞蹈具有多元教育价值,能促进学生的身心健康发展,增强学生体质,提高学生健康水平,培养学生优美的体态和高尚的情操,是学校体育教学重点选修课程之一。

整体来看,我国学生对体育舞蹈的教学开展持欢迎态度,也有很多学生家长对孩子参与体育舞蹈表现出认同。体育舞蹈的教学发展拥有良好的学生基础、家长基础。

但不可否认的一点是,在我国学校体育教育系统中,中小学开设体育舞蹈教学课程的学校非常少,中小学生参与体育舞蹈主要是通过家长报的课外舞蹈班来实现的。高校体育教学中,现阶段,我国大部分高校都普遍开设了体育舞蹈选修课,大学生能充分认识到体育舞蹈对身心健康的促进作用,对参与体育舞蹈的积极性较高。

---

① 马士珍.体育舞蹈文化在我国的传播及发展研究[D].山东师范大学,2014.

鉴于高校体育舞蹈教学开展的代表性，以高校为例，对我国体育舞蹈的教学发展现状调查分析。

(1)概况

体育舞蹈是很早就被列入我国高校的体育教学大纲中的体育运动项目，许多高校在体育教学中已经开设了体育舞蹈这一课程项目。经过长期的发展，目前，我国各高校的体育舞蹈课程已经实现了全部覆盖。

(2)问题

我国高校体育舞蹈教学需求大，但是师资和教学物质条件难以满足学生的学习需求，这是当前我国高校体育舞蹈教学存在的一个主要矛盾和问题。

首先，体育舞蹈内容丰富，其各舞种的教学有着很强的专业性，这就要求体育教师应熟悉体育舞蹈的各舞种文化与技术特点，并能在体育教学过程中很好地调动学生的学习积极性，使学生能有效区分并熟悉掌握各个舞种特色与技术特点。然而调查发现，现任体育舞蹈教师的专业知识并不高，即使一些高职称的体育教师，虽然体育舞蹈专业水平高，但还存在教学能力不足的问题。

其次，我国高校普遍存在体育舞蹈教学条件差的问题。当前我国高校体育舞蹈场地比较缺乏，据调查发现，有近六成的学校不在室内进行体育舞蹈的教学，而是在室外开展体育舞蹈教学，或者借用其他体育专业场馆开展体育舞蹈教学。场地问题难以解决，会严重制约我国高校体育舞蹈教学的发展。以摩登舞教学为例，摩登舞的学练有身体重心的升降变化，需要完成一些"滑步"动作，场地不标准会产生舞步移动中的阻力，不利于良好学练效果的取得，也会为学生掌握技术动作增加困难，甚至会导致学生舞蹈学练中受伤。

3. 我国体育舞蹈健身的发展

体育舞蹈能满足大众健身健美和精神需求，具有良好的市场发展活力与前景。目前,在我国大众健身领域,体育舞蹈是非常受欢迎的健身运动项目。

近年来,随着我国学练体育舞蹈的人数不断增多,体育舞蹈培训市场发展迅猛。大多数体育舞蹈培训机构主要是依托高校引进高校体育舞蹈教师,或者是聘请体育舞蹈运动员和教练员开设俱乐部进行私营培训,各种体育舞蹈健身俱乐部成为体育舞蹈爱好者学练体育舞蹈的主要场所。

此外,一些体育舞蹈爱好者在不参与任何培训的情况下坚持自学,并与相同爱好的人组织一个个小团体。在广场、公园等大众健身路径上经常能见到结伴开展体育舞蹈活动的人,体育舞蹈健身已经走进人民群众的日常生活。

第二节 体育舞蹈的分类与特点

一、体育舞蹈的分类

体育舞蹈包括多个舞种,风格特点各异。对体育舞蹈庞大的舞蹈内容体系,有学者对体育舞蹈分类进行了研究,主要有广义和狭义两种(表1-1)。[1]

表1-1 体育舞蹈的分类

类别	分类依据		舞种
狭义体育舞蹈	国际标准舞	竞赛规则	团体舞	加入队列的标准舞或拉丁五的综合舞
			拉丁舞	伦巴、恰恰恰、桑巴、斗牛、牛仔
			标准舞	华尔兹、探戈、狐步、快步、维也纳华尔兹
		风格与技术结构	拉丁舞	伦巴、恰恰恰、桑巴、斗牛、牛仔
			标准舞	华尔兹、探戈、狐步、快步、维也纳华尔兹

---

[1] 姜桂萍.体育舞蹈[M].北京:高等教育出版社,2008.

续表

类别	分类依据		舞种
广义体育舞蹈	健身健美性舞蹈	风格与时代特点	流行健身舞	健身体坛、健身爵士等
			民族健身舞	健身秧歌等
		健身场所	校园健身舞	校园集体舞等
			广场健身舞	健身迪斯科、健身民族舞等
			健身房健身舞	芭蕾舞、民族五、街舞、肚皮舞等
		健身功效	有氧健身舞	有氧拉丁等
			塑形健美舞	形体芭蕾等
	国际标准舞	竞赛规则	团体舞	加入队列的标准舞或拉拉丁舞丁舞的综合舞标准舞
			拉丁舞	伦巴、恰恰恰、桑巴、斗牛、牛仔
			标准舞	华尔兹、探戈、狐步、快步、维也纳华尔兹
		风格与技术结构	拉丁舞	伦巴、恰恰恰、桑巴、斗牛、牛仔
			标准舞	华尔兹、探戈、狐步、快步、维也纳华尔兹

二、体育舞蹈的特点

不同的体育舞蹈类型具有不同的运动特点，这里就广义体育舞蹈分类下的健身健美性体育舞蹈与竞技性体育舞蹈（国际标准舞）的不同特点分析如下。

(一)健身健美性体育舞蹈的特点

1. 健身性

健身性是健身健美性体育舞蹈的一个最大的运动特点。

健身健美性体育舞蹈的健身性特点表现得非常明显，它通过运动者的身体活动参与来改变运动者的生理机能和状况，并通过体育舞蹈的多个运动元素（动作、音乐、氛围、情感、意境、配合等）

来影响运动者参与者的心情,并反馈到生理活动中,促进体育舞蹈运动者的身体健康。具体分析如下:

首先,体育舞蹈是一种体育运动,体育运动具有健身性这是非常容易理解的。体育舞蹈的健身性就表现在运动者在不同的舞蹈动作进行中通过身体的运动来使身体得到锻炼,舞蹈风格形式不同,舞蹈健身消耗不同。

其次,体育舞蹈集体育、音乐、同伴协同、服装造型等于一身。体育舞蹈的舞蹈动作具有一定的风格特征,与音乐、舞伴的配合更能激发舞者的运动积极性。舞蹈过程中,舞者自身可以获得舞蹈情绪和意境的感染,同时也能感染观众,由此舞者和观众同时通过体育舞蹈直接或间接参与,在舞蹈氛围中强健身体。

2. 健美性

健美性是健身健美性体育舞蹈的又一个重要的运动特点。体育舞蹈运动实践表明,参与体育舞蹈可塑造优美的体形、培养风度气质。

体育舞蹈强调舞蹈动作的优美和肢体动作的协调,这些都赋予了体育舞蹈的美的特点,通过体育舞蹈的运动学练,能培养体育舞蹈运动者的良好的对美的感知和表现能力,对促进体育舞蹈运动者的身体健美和良好气质具有重要帮助。

3. 娱乐性

体育舞蹈起源于人类早期的生产劳动,是为了满足早期人们的社交需要而产生的,这种社交需要是人类早期的社会性发展需求。人们在参与体育舞蹈的过程中,享受运动快乐,并在轻松愉悦的环境中结识具有相同爱好的人。

因此,从参与体育舞蹈的运动过程来看,体育舞蹈能给人带来运动的快乐,带来交际的快乐。体育舞蹈具有娱乐性,这种娱乐性与体育舞蹈的运动形式密切相关。

4. 独特性

体育舞蹈内容丰富，种类较多，各种类型的舞蹈，动作都具有各自的风格特点。对体育舞蹈的各舞种特点简要概述分析如下：

华尔兹(Waltz)：动作婉转多变、起伏流畅，舞姿文静飘逸、优美柔和。

探戈(Tango)：斜行横步，动作刚劲，或动或静，或快或慢，错落有致。

狐步舞(Foxtrot)：舞步轻柔、圆滑、流畅，动作悠闲自在、平稳大方。

快步舞(Quick Step)：动作轻巧，活泼，富有激情，舞步潇洒自由。

维也纳华尔兹舞(Viennese Waltz)：动作优美，舒展大方面，节奏清晰，旋律活泼，舞步流畅，旋转性强。

桑巴(Samba)：动作粗犷，舞步奔放，富有感染力。

恰恰恰(Cha Cha Cha)：男、女动作不求统一整齐，舞蹈诙谐、花哨。

伦巴(Rumba)：舞步运行中，胯部富有魅力的扭摆，上身自由舒展，在抑扬的韵律下，尽显文静、含蓄、柔美。

斗牛舞(Paso Doble)：潇洒、热烈、英勇威武、斗志昂扬。

牛仔(Jive)：舞曲欢快，舞步丰富多变，有强烈的扭摆和快速的旋转。

体育舞蹈不是一种舞蹈，而是多个不同舞种的综合统称，正是这些具有独特性的各类舞种，才构成了内容丰富、风格独特的体育舞蹈体系。

5. 民族性

民族性是体育舞蹈的一个重要特点，现代健身健美性体育舞蹈的多元化内容和形式的发展，正是其吸收了不同民族的民族特色舞蹈所呈现出来的多元化特点。

我国民族众多，各民族在发展过程中形成了不同的民族舞蹈,这些民族舞蹈充分展现了各民族的生活习惯、民族风俗、民族心理,是民族文化的象征。其他民族的人通过观看舞蹈内容和形式,能清楚地辨认出舞蹈的民族性特点,并能判断舞蹈的民族归属,舞蹈的民族性源于其民族文化基础。

就世界范围来看,现代体育舞蹈起源于西方国家,从人们的生产生活交际活动中发展而来,必然带有当地的民族舞蹈特色。其流传于全世界,被各个国家和地区的人所接受和喜爱,是其吸纳了世界各地民族舞蹈特色的缘故。

6. 教育性

体育舞蹈是体育的一种特殊呈现,是体育的构成内容,其同样具有教育属性。

毫无疑问,体育舞蹈是美的,这种美表现在运动形式、动作造型、舞蹈思想、音乐、服装等多个方面,这种美可以感染舞者,对舞者产生美的教育。不仅如此,体育舞蹈的教育作用还体现在体育、智育、德育等多个方面。

从舞蹈的教育属性来看,无论是我国还是国外,无论是古代还是现代,舞蹈的教育属性都能得到人们的重视并被利用到学校教育中。我国古代的六艺中就有舞蹈内容,国外许多国家的体育教学中也都开设舞蹈课程,这都说明了舞蹈的教育价值已经得到了广泛的认知并得到了广泛的应用。

目前,我国各高校也都将体育舞蹈纳入学校体育教学,这就更加说明了体育舞蹈具有重要的教育作用。随着我国高校体育舞蹈教学的不断发展完善,相信体育舞蹈的教育性属性将会得到更深层次的挖掘。

7. 时代性

体育舞蹈历史悠久,从远古人民的生产生活发展而来,在不同的历史阶段吸收了人类的文化,表现的时代特点不同,尤其在音乐方面表现更为明显。

首先，人类社会是不断变化的，社会文化会在不同的历史时期表现出不同的特点。从体育舞蹈的发展历程来看，早期的体育舞蹈的出现是为了满足早期人类的娱乐和社交需要。随着人类社会的不断发展，体育舞蹈兼具了娱乐、社交、健身、健美、教育等多种价值和功能，人们现在参与体育舞蹈的动机也在各个不同时期表现出不同的主流特征。

其次，有很多舞蹈动作、舞蹈服饰都带有年代性特点，体育舞蹈也不例外，体育舞蹈的动作和服饰在不同历史发展时期具有不同风格。

最后，体育舞蹈的音乐作为体育舞蹈的重要构成部分，也会在不同的时期表现出不同的风格。对于健身者来说，在体育舞蹈选择上都会选择具有当下流行的音乐元素的配乐的体育舞蹈，这样可令健身过程更加充满乐趣，更有益于长期坚持。从体育舞蹈的配乐方面，就能明显地感受到体育舞蹈的时代性，也能了解到不同时代体育舞蹈的音乐特点和动作特点。

（二）竞技性国际标准舞的特点

随着体育舞蹈项目的推广与发展，体育舞蹈作为一个竞技项目越来越多地出现在世界竞技体育舞台上。竞技性国际标准舞是在特定节奏的舞曲引导下，运用交际舞舞技展示舞蹈风格和舞蹈魅力的一种竞技性舞蹈。它以竞赛为目的，具有自娱性和表演观赏性，具有竞技体育的一些特点，也可进行健身练习，兼具健身健美体育舞蹈的特点。[1] 这里重点对竞技性国际标准舞的竞技体育方面的特点分析如下。

1. 竞技性

竞技属性是体育运动的基本属性。竞技性国际标准舞的参与，根本目的就是为了在体育舞蹈竞赛中获胜，竞技性是最基本

---

[1] 姜桂萍. 体育舞蹈[M]. 北京：高等教育出版社，2008.

的运动特点。

从体育舞蹈的发展历程来看,体育舞蹈的竞技性在体育舞蹈产生初期就开始出现了。早期体育舞蹈的开展往往是集体形式,多组舞者同时在一起跳舞娱乐,难免会有舞姿、舞技的比拼,也正是这种比较和比拼促进了体育舞蹈参与者的舞蹈技能的不断熟练、进步、发展。

发展到现在,体育舞蹈已经成为独立的具有竞技性的体育运动项目,体育舞蹈还力争进入世界竞技体育最大的盛会,即奥运会,这都表现出了体育舞蹈的竞技性。

2. 规范性

体育舞蹈的规范性,是体育舞蹈在全世界范围内得以不断推广的基础。体育舞蹈历经几代人的不断加工、创编,仍然在世界范围内广泛流传。正是因为体育舞蹈的规范性的存在,才使得体育舞蹈无论怎么演变,都不会改变其本质属性和结构、特点。

竞技性体育舞蹈的多个特点是互为促进的,体育舞蹈的规范化也加强了其竞技性特点。体育舞蹈的竞技性与规范性,二者相互促进,推动着体育舞蹈不断发展完善。体育舞蹈的规范性使得体育舞蹈广泛流传而不变质。

3. 技巧性

体育舞蹈的技巧性是一个基本属性,在体育舞蹈的学练过程中,舞者的舞蹈技术动作的练习并非简单的动作重复、叠加,而是具有一定的规律性可循。从舞者学练的角度来说,这就表现出一定的技巧性,舞者对体育舞蹈的技巧性的掌握也正是对体育舞蹈的技术动作规律与特点的掌握。因此,体育舞蹈的技巧性不仅仅是相对于体育舞蹈自身而言,也是相对于舞者而言的。

这里重点从以下两个方面解读体育舞蹈的技巧性。

首先,体育舞蹈的技巧性是由其规范性决定的,正是因为体育舞蹈的规范性,才使得体育舞蹈有一定的规律和技巧可循,体育舞蹈的技巧性还表现在与艺术性结合方面。

其次,体育舞蹈竞赛中,技巧和难度是重要的评分标准。运动员对舞蹈技巧的掌握并非天生,而是通过不断学练才能掌握。但学练并非无规律可循,技术动作规范正确是达到评分标准的基础,是技巧难度提升的基础。

4. 律动性

从国际标准舞的基本概念来看,国际标准舞就是在特定节奏风格的舞曲音乐引导下进行的一种舞蹈形式。在舞蹈过程中,舞者翩翩起舞,时而端庄典雅,时而奔放激越,时而顿挫磊落,时而婀娜柔媚……这种用伴随着音乐节律的舞动来表现各舞种风格特性,也是国际标准舞最基本的特点之一。

5. 艺术性

舞蹈是一种艺术,体育舞蹈作为舞蹈的重要组成部分,是一种舞蹈艺术形式。体育舞蹈的艺术性表现在其舞蹈动作、舞蹈音乐、舞蹈服饰、舞蹈意境等多个方面。

首先,体育舞蹈以身体动作为基础来表现和再现舞蹈艺术特征,每一个动作造型、动作衔接、动作技术难度系数所表现的艺术性都不尽相同。

其次,体育舞蹈的音乐构成要素,其本身就是一种艺术形式,而音乐要素作为体育舞蹈的重要构成要素,也就增加了体育舞蹈的艺术性特征。体育舞蹈音乐的艺术性高低对体育舞蹈的整体艺术性有重要的影响。

最后,体育舞蹈过程中,舞者的服饰结合不同舞种具有不同的风格,同时,适用于同一舞种的舞蹈服装的设计也可表现出不同的风格特点,服装艺术也增添了体育舞蹈的艺术性。

体育舞蹈的艺术性是体育舞蹈的构成元素的综合体现,舞蹈动作、音乐、服饰等共同组成了体育舞蹈的艺术性。国标舞剧《燃烧的地板》《红舞鞋》等更是被公认为是"真正的艺术"。

6. 抒情性

"情动于中而行于言,言之不足,故嗟叹之;嗟叹之不足,故咏歌之;咏歌之不足,手之舞之足之蹈之也。"法国舞蹈家诺维尔曾经指出:"舞蹈没有平静的对话,凡属冷冰冰议论的一切,它都没有能力表达。为了取代语言,需要很多可见的东西和行动,需要鲜明有力地表达出来的激情与感情。"

体育舞蹈内容丰富、风格多样,体育舞蹈的不同舞种的动作、音乐等特点都表达了不同舞种的情感特征。

7. 观赏性

体育舞蹈是一种体育运动形式,其具有参与性和观赏性。体育舞蹈表演和比赛能给观众带来丰富的视觉盛宴,这种观赏性更促进了观众对体育舞蹈的间接参与,通过欣赏体育舞蹈的美妙的动作、音乐、情感,以及被舞者的技术所折服,可以给观众带来巨大的心灵震撼与情感共鸣。

在竞技体育舞蹈的比赛中,舞者在舞蹈过程中的动作、音乐、情感表现、服装头饰、男女配合等,都是裁判和观众在观赏体育舞蹈过程中的重要内容。

第三节 体育舞蹈的基础知识

一、体育舞蹈的基本名词与术语

(一)基本名词

1. 舞程向

舞程向即舞者的行进方向。

在体育舞蹈比赛中,比赛规则规定所有的参赛者在舞蹈场地

(舞池)中,只能沿着一个方向前进,不能逆行,这个指定的舞蹈前进方向就是舞程向。

2. 舞程线

舞程线(LINE OF DANCING,L.O.D)是舞者沿舞程向行进的路线(图 1-1)。

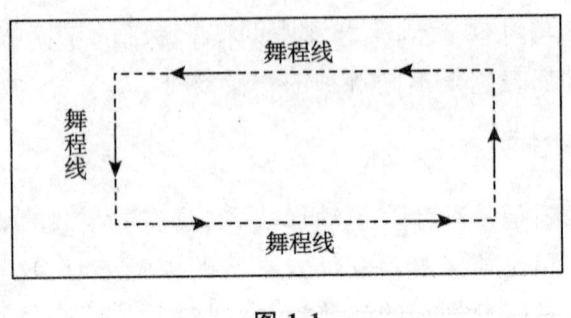

图 1-1

3. 舞姿

(1)闭式位舞姿:舞伴相对,双手扶握对方。

(2)侧行位舞姿:男舞者身体右侧贴近女舞者左侧,成"V"形站立。

(3)外侧位舞姿:舞蹈过程中,两个舞伴中的一人向另一人右(左)外侧前进。

(4)并肩位舞姿:舞伴二人肩臂相并,面向同一方向,对齐一般以男舞者为基准。

(5)影子位舞姿:男女舞伴互为影子,舞蹈过程中,一人总在另一人的影子位置。

4. 反身动作与反身动作位置

(1)反身动作

反身动作是体育舞蹈中的一个重要的舞蹈动作,舞蹈过程中,舞者的自身动作中的脚行进方向与身体倾向方向二者之间构成一个反方向。

(2) 反身动作位置

反身动作是体育舞蹈的一个动态的动作,能够表现舞者的舞蹈动作动态美,而反身动作位置则是一个静态的动作造型,是一个短暂的动作定格。

5. 摆荡动作

体育舞蹈过程中有许多身体的起伏动作,身体的上升、横向移动中可形成身体摆动。

6. 升降动作

升降动作是体育舞蹈动作中对重心的一种调整性动作,具体是指舞者身体的上升、下降。

7. 倾斜动作

在体育舞蹈过程中,舞者在完成一定的舞蹈动作时,身体倾斜于地面形成一定的夹角。

8. 节奏

在体育舞蹈,舞蹈节奏特指节拍的反复,不同的体育舞蹈舞者节拍反复特点不同,即舞蹈节奏不同。

9. 组合

体育舞蹈中多个舞步的结合。

10. 速度(音乐速度)

每一分钟的音乐小节数。

11. 套路

体育舞蹈动作套路,由多个小节构成,舞蹈有始有终。

12. 姿态

（1）伦巴和恰恰恰

两脚自然靠拢,挺胸、直背、肩平,一脚侧跨,胯旁后移动,膝后伸锁紧,上身不动。

（2）桑巴和牛仔

两脚自然站好,挺胸,直背,肩平,任一脚侧跨,胯旁后移动,脚跟稍离地,屈膝。

（3）斗牛舞

两脚并立,骨盆前倾,重心居中,脚伸直时,膝放松。

13. 开式舞姿和闭式舞姿

（1）开式舞姿

开式舞姿又称侧行位舞姿,简称 P.P.,男女舞伴左右打开,腰髋部位相贴,呈"V"形。

（2）闭式舞姿

华尔兹、狐步、快步、维也纳华尔兹等闭式舞姿如下：

①站位:相对站立,屈膝,右脚尖对准对方两脚中间,女士重心在左脚,男士重心在右脚。

②身体位置:立腰,沉肩。以腹部 1/2 的右腹部接触对方,胸肋以下至大腿根部与对方相贴。

③头部位置:男士头颈正直。胯左转约 15°;女士头左转约 45°,含颌,颈上伸,向后开胸。

④手臂位置:男士双臂侧平举,肘平。左臂大臂与小臂弯曲形成 90°左右,左手与女士右耳齐平。右肘曲 70°～80°。左手虎口与女士右手虎口相交;女士双臂侧平举,肘平,右臂弯曲约 150°,右手与男士左手轻握。

探戈舞姿各要素及姿态如下：

①站位:相对站立,屈膝,右脚尖对准对方两脚中间,身体稍前倾,女士重心在左脚,男士重心在右脚。

②身体位置:立腰,沉肩。以腹部 1/3 的右腹部接触对方,胸肋以下至右膝与对方相贴。

③头部位置:同华尔兹等舞种动作。

④手臂位置:基本同华尔兹等舞种动作,只是男女握持姿势更紧密。

14. 主力腿和动力腿

(1)主力腿:支撑身体重心的腿。

(2)动力腿:非重心支撑腿。

(二)方位术语

1. 教、训方位

一般以舞者自身为基点,以面向教师(或教练员、裁判员)为正前方,以此每右转 45°为一个方向(图 1-2)。

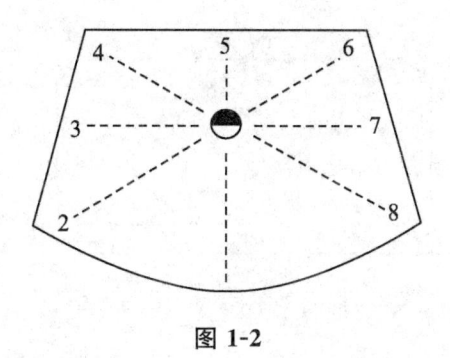

图 1-2

2. 舞台方位

体育舞蹈比赛中,所有的舞者在舞池中表演,舞池对应的一侧会设乐队演奏台,根据国际体育舞蹈比赛惯例,以乐队演奏台的一面为方位基点,定为"1 点",每顺时针转动 45°角则变动一个方位,共有 8 个点(图 1-3)。

```
┌─────────────────────────────┐
│       乐队或主席台           │
├─────────────────────────────┤
│  8          1          2    │
│  7                     3    │
│  6          5          4    │
└─────────────────────────────┘
```

图 1-3

3. 舞者面向方位

体育舞蹈运动过程中,舞者需要不断地舞动,舞动过程中并非始终面向一个方向,而是需要跟随舞蹈需要不断变化面向方向,以舞程线为参考线,体育舞蹈比赛对舞者的面向方向做出了指示(图 1-4)。

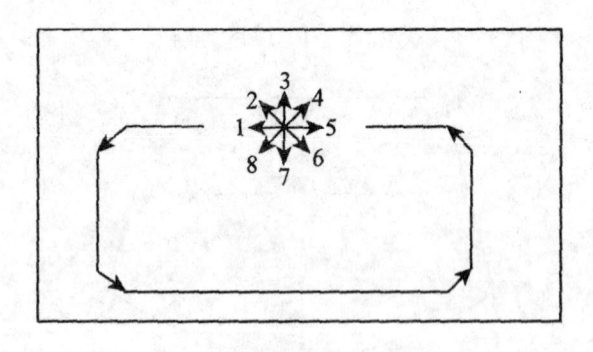

图 1-4

体育舞蹈比赛中,舞程线通常可设想为有两条长线和两条短线组成,沿着舞程线可产生舞蹈的常用 8 个方向,舞者在沿着舞程线逆时针方向行进过程中,任何一点,都有八个方位。

体育舞蹈比赛中,舞者始终处于移动中,在确定舞者的面向时,以男舞者正对舞程线站立为基准,左侧应为舞厅中央,右侧为墙的位置。

如图 1-4 所示,关于面向的指示线如下:

(1)男伴面对方向为舞程线。

(2)男伴右前方为壁斜线。

(3)男伴右肩所对方向为壁线。

(4)男伴左后方向的线为中央斜线。

(5)男伴背后方向所对的线为逆舞程线。

(6)男伴右后方的线为逆壁斜线。

(7)男伴左肩所对的线为中央线。

(8)男伴左前方所对的线为中央斜线。

体育舞蹈中,舞程线上任一点,上述方向和线均适用。

4. 脚的运动方向

在体育舞蹈中,运动方向一般被习惯性地表述为脚的运动方向。只有某些具体造型动作中才会描述具体身体位置方向。

体育舞蹈中,舞者的脚步动作方向主要有九个(图1-5):

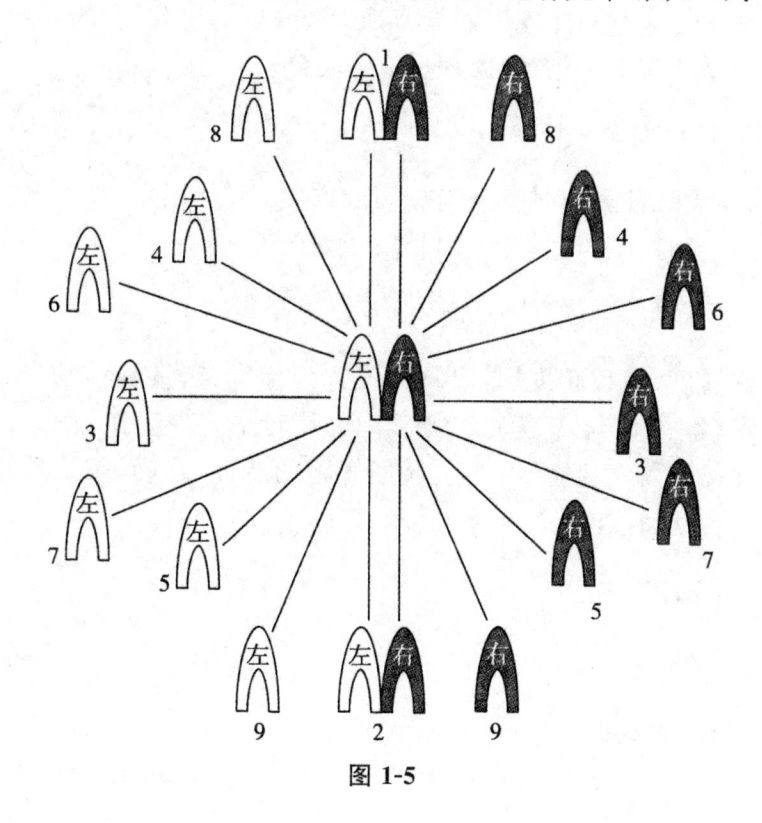

图1-5

脚的移动方向的明确描述可为舞者移动指明方向。

(1)向前:胸部所对的方向。

(2)后退:背部所对的方向。

(3)向侧:肩部所对的方向。

(4)斜前:前与侧两个方向之间45°的方向。

(5)斜后:后与侧两个方向之间45°的方向。

(6)向侧稍前:斜前与侧向两个方向之间的方向。

(7)向侧稍后:斜后与侧向两个方向之间的方向。

(8)向前稍侧:斜前与前两个方向之间的方向。

(9)向后稍侧:斜后与后两个方向之间的方向。

5. 手臂和腿的运动方向

(1)向内:由两侧向身体正中线。

(2)向外:由身体正中线向两侧。

(3)同向:不同肢体向同一方向。

(4)异向:上、下肢体向相反方向。

6. 转动方向

(1)顺时针。与时针方向相同的方向。

(2)逆时针。与时针方向相反的方向。

(三)转度术语

旋转度(简称转度)是以脚的位置为标准,衡量旋转动作中每一步型,每一舞步,甚至每一舞步间的旋转是多少度。

在体育舞蹈比赛中,为了保证舞蹈的严谨、精确,需要采用切分圆的方法,用1/8,3/8等来表示旋转度(图1-6)。

(四)动作术语

1. 舞姿

(1)闭式舞姿:男女相对站立。

(2)开式舞姿(P. P. 舞姿,Promenade Position):男女并列,

男舞者头左转,女舞者头右转。

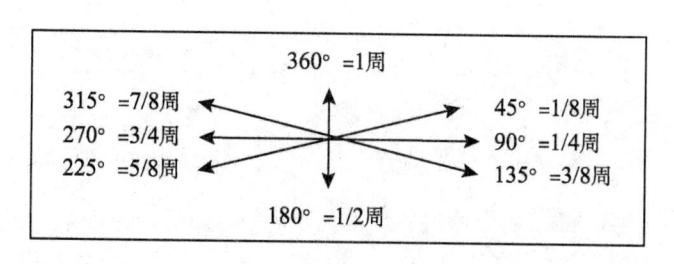

```
360° =1周
315° =7/8周              45° =1/8周
270° =3/4周              90° =1/4周
225° =5/8周             135° =3/8周
180° =1/2周
```

图 1-6

2. 舞蹈动作

体育舞蹈的重要构成要素,是符合体育舞蹈具体舞种风格和特点的具体身体动作。

3. 舞蹈组合(动作)

多个相同或者不同体育舞蹈动作的衔接。

4. 准线

体育舞蹈过程中,舞者双脚的方向与舞厅方向的一种关系线。

5. 舞步

(1)舞步:脚的动作。

(2)基本舞步:体育舞蹈基调步型。

(3)舞步型:一套舞步动作。

(4)擦步:舞者动力脚与主力脚相靠,重心不变。

(5)并步:舞者一脚靠向另一脚。

(6)实步:承载重心的舞步。

(7)虚步:非重心舞步。

(8)虚点:脚掌或脚跟点地,不支撑重心。

(9)滑步:双脚由开到并拢移动舞步。

(10)刷步:运动脚轻擦地面并向重心脚的舞步。

(11)锁步:两脚前后交叉,一脚的掌外侧与另一只脚的跟外侧相贴。

(12)追步:第二步双脚并赶的三拍四步的舞步型。

6. 转

(1)正转:向右转的舞步。
(2)反转:向左转的舞步。
(3)轴转:一只脚脚掌旋转,另一脚处于反身位置。
(4)跟转:用重心脚脚跟为轴旋转,另一只脚同时虚转,重心落在虚转脚上。
(5)脚跟转:相并的脚应与主力脚平行,旋转结束后重心移至动力脚。
(6)脚跟轴转:单一脚跟旋转。
(7)撇转:一只脚弧线滑移后做定点转动,重心随着旋转逐渐下降。

7. 动作连接

(1)由:动作开始的方位。
(2)经:动作过程中经过的位置。
(3)成:动作结束时的身体姿势。
(4)至:动作应到达的指定位置。
(5)接:调两个单独动作之间连续完成。

8. 舞步线

记录舞步动作的路线。

9. 平衡

舞蹈中的重心合理分配。

10. 起泛儿

体育舞蹈动作的准备姿势。

11. 造型

体育舞蹈的静态动作或称亮相动作,通常用于体育舞蹈的开始和结束部分。

(五)舞蹈元素术语

1. 舞蹈语言

舞蹈语言,是舞蹈的情感表达,舞蹈过程中,舞者的动作、表情、神态等,同时,也包括舞蹈的配乐在内,都可以作为舞蹈的语言来传达舞蹈的情感。

2. 舞蹈语汇

在体育舞蹈中,舞蹈语汇是语言的总称,是不同的体育舞蹈元素的综合。

3. 舞蹈表情

舞蹈表情是体育舞蹈动作的总称,包括舞者的肢体语言(手臂传情、扭摆、足部移动等)、动作形态等,用来表达舞者的心理活动和情感状态。

4. 舞曲

配合舞蹈而编选制作的器乐曲或声乐曲。

5. 节拍和节奏

(1)节拍:音乐中每小节的拍数。
(2)节奏:指按一定规律反复出现,赋予音乐不同性格、特色的节拍。

6. 韵律

舞蹈动作中人体运动的自然规律,以及动与静、上与下、高与低、长与短等的变化。

7. 基训

舞蹈的基本能力(基本动作)的训练。

二、体育舞蹈的记录符号

在体育舞蹈的编排中,通常会使用一些记录符号来表示体育舞蹈的动作或动作变化,使体育舞蹈的创编,对各舞蹈动作、音乐的记录更加便捷。

(一)节拍符号

(1)S:Slow("慢"),两拍一步。

(2)Q:Quick("快"),一拍一步。

(3)&:And 的缩写,表示前面拍子的一半。如"S&S",即为×.×|××|。

(二)舞步符号

(1)右足:实心画法(图 1-7)。

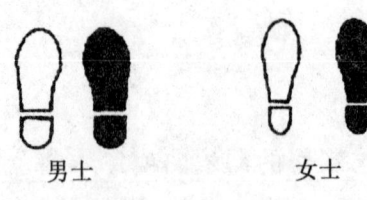

男士　　　　女士

图 1-7

(2)点地与旋转,如图 1-8 所示。

(3)华尔兹方步:如图 1-9 所示,数字表现了舞步中脚的走位顺序,→表示方向。

脚掌点地　　　脚字转　　　　脚跟转

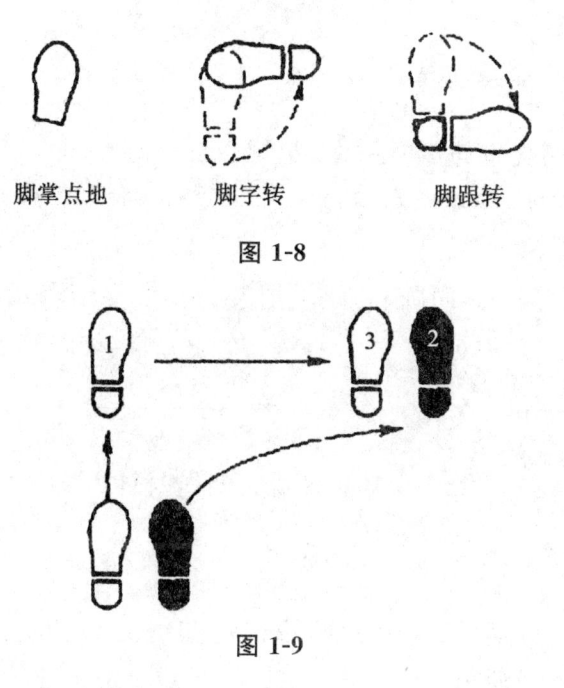

图 1-8

图 1-9

(4) 脚跟着地:记为"H"。

(5) 脚尖着地:记为"T"。

(6) 脚跟着地过渡到脚尖:记为"H.T"。

(7) 脚尖着地过渡到脚跟:记为"T.H"。

(8) I.E:Inside Edge 的缩写,内侧边缘,舞者一脚沿另一脚内侧前后移动。

(三)人物符号

1. 基本人物符号

在体育舞蹈作品中,用 ❍、❍、❍、❍ 等符号表示舞蹈的不同角色。一般来说,常用 ❍ 表示男士,用 ❍ 表示女士。

2. 动作时人物符号

(1) ❍:涂实为脑后,空心为面向。

(2) ❍:原地逆时针自转一周。

(3) ⊙ :连续前转。

(4) ⊙ :先前进,再还原。

(5) ⊙⇌ :先左后右移动。

(6) ⊙⊙
　　⊙　⊙ :面向圆心,拉手围圆。
　　⊙⊙

(7) ⊙⊙　　表示双圈面朝逆时针方向站好。

(四)队形符号

在体育舞蹈中,队列性的体育舞蹈表演涉及队形符号,常用队形符号表示如表1-2所示。

表1-2　体育舞蹈常见队形符号

符号	含义
○	走圆形
□	走方形
Ƶ	走"之"字形
↙	走斜形
⌒	走弧形
≋	走蛇形

三、体育舞蹈的场地服装

(一)舞蹈场地

在国际标准的体育舞蹈比赛中,所使用的舞蹈场地的面积是固定的,赛场长 23 米(称 A 线);宽 15 米(称 B 线)。比赛过程中,所有舞者沿舞程线行进(图 1-10)。

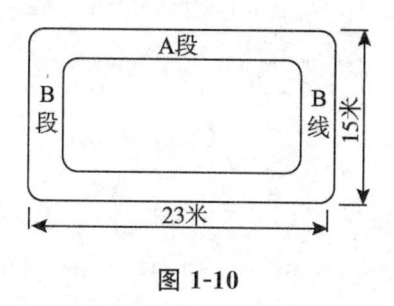

图 1-10

在体育舞蹈比赛过程中,舞者的体育舞蹈套路和动作应根据场地的边线长短来安排设计舞蹈动作和变化路线。

(二)舞蹈服装

竞技体育舞蹈比赛中,竞赛规则对运动员的着装有严格的要求。此外,作为一种社交舞蹈,在一些特殊场合的体育舞蹈也对运动者的服装有一定的要求。舞者应结合体育舞蹈开展的时间、地点和目的,合理着装。

(1)男子:端庄大方,以深色西装为宜,可搭配白色衬衣和深色领带。

(2)女子:衣着艳丽,衣裙不应有碍舞蹈动作完成,以连衣裙为最佳,可穿晚礼服、化淡妆,以示尊重。服装各部位应合身,以便于动作表现和展示女性曲线美。

(3)衣冠整洁,服饰得体。

四、体育舞蹈的礼仪

从人员范围来讲,体育舞蹈礼仪是体育舞蹈过程中,舞者、教练员、裁判员、观众及现场工作人员都应懂得和遵守的礼仪。从体育舞蹈的活动内容来讲,体育舞蹈的礼仪指个体在体育舞蹈训练、竞赛、交流中都应该遵守的基本行为规范。

体育舞蹈是一种文明的舞蹈,在舞蹈中,有许多行为规范需要遵守,学练和欣赏体育舞蹈必须认识和掌握这些礼仪。

(一)待人礼仪

1. 请舞礼仪

请舞,又称邀舞。一般来说,由男舞者主动去邀请女舞者共舞,但也有女舞者邀请男舞者的情况。一般来说,处于礼貌,女舞者邀请男舞者,男舞者不得拒绝。

2. 领舞礼仪

领舞时,一对舞者在舞池中央跳舞,在一场体育舞蹈聚会或其他活动中,领舞者是在场人员中第一对开始跳舞的,应由男方牵女方手引导对方进入舞池。

3. 起舞礼仪

起舞是舞蹈的起势动作,男女舞者相对而立,听音乐的节奏,男士以左手邀请,女士交手共舞。

4. 共舞礼仪

共舞,可简单理解为共同跳舞。体育舞蹈过程中,男士应多引导照顾女士。

5. 谢舞礼仪

在体育舞蹈过程中,一曲舞跳完之后,向舞伴表示感谢、再见。之后一般由男生引领女士走出舞池。

体育舞蹈竞赛中,谢舞的对象是裁判、观众,谢舞可以给裁判观众留下良好的印象。

6. 让位礼仪

多组舞者共同在舞池中跳舞,因为场地问题不同组之间难免可能会碰触到,为了避免直接撞上对方,应注意让位,让位是相互尊重的表现。

(二)待物礼仪

1. 场地礼仪

在参与体育舞蹈的过程中,应注意保护场地的卫生环境,不随地吐痰和乱丢垃圾,并注意不要用鞋子故意猛烈撞击地板,为自己,也为其他舞者创造一个良好的舞蹈环境。

2. 发型与化妆礼仪

得体的发型和妆容是尊重舞伴和其他竞争对手的表现,但注意不要过分夸张。

(三)行为礼仪

1. 言谈礼仪

言谈举止是个人素质的重要表现,良好的言谈可以给他人留下一个良好的形象,具体要求如下。

(1)诚恳、亲切交谈,声音适宜,语调轻缓、沉稳。[1]
(2)与人交谈,避免过于疏远或亲近。
(3)使用敬语、尊称。

---

[1] 胡锐,边一民. 现代礼仪教程[M]. 杭州:浙江大学出版社,2004.

2. 仪表举止礼仪

(1)个人卫生

个人卫生不仅影响个人健康也影响他人健康,体育舞蹈中的个人卫生主要是指健康向上,注意卫生的形象和习惯,如保持个人清洁,不当众剔牙、挖鼻孔。

(2)个人姿态

良好的个人姿态是个人良好气质的表现。

①站姿:直立,挺胸、收腹、收颌、抬头、微笑、目平视,无小动作。

②坐姿:直背,肩放松。女性应并膝;男性双膝可稍分开,但不宜超过肩宽。[①] 入座要轻缓,起座要端庄。

③走姿:步伐轻稳,挺胸,抬头,双肩放松,摆臂自然,面带微笑,目平视。

(四)舞伴配合

参与体育舞蹈学练,应遵循"男导女随相协调"的运动要求和舞蹈礼仪。具体来说,在跳舞时,男士要善于引导,女士要善于跟随,两人才能配合协调。

体育舞蹈运动过程中,"男导女随"应注意以下几点:

(1)男士不要带女士跳她不会的舞步。

(2)男士要控制好引导的力度,通过控制力度的大小来掌握舞步幅度和转体角度的大小。

(3)女士要有强烈的跟随意识,善于敏捷地接收男士的引导信息并做出反应,不应随意臆测舞步,更不要带领男士随意乱跳。

(4)观场应变。舞步乱套时应停下来,重新随节拍起舞。

[①] 朱燕. 现代礼仪学概论[M]. 北京:清华大学出版社,2006.

第二章　体育舞蹈参与的多元价值

体育舞蹈是一种人体动作的艺术,融合了体育与舞蹈两种人体文化特征和运动特点,具有多元运动价值。运动者科学参与体育舞蹈健身、健美或者竞技训练,可有效促进身心和社会性的全面健康发展。在体育舞蹈学练过程中,通过各种舞蹈动作的身体练习,体育舞蹈的音乐、情感、意境的熏陶,舞伴之间的配合,可实现对体育舞蹈者的身心塑造。本章从体育舞蹈健身锻炼者的角度,深入分析了参与体育舞蹈运动学练的多元运动价值。

第一节　体育舞蹈的健身价值

健身是运动者参与体育舞蹈的一个重要价值受益,健身是对身体健康的促进,通过体育舞蹈参与的各种身体活动作用于有机体,可促进有机体的良性发展,这种良性发展是通过对有机体的多方面生理干预和促进来实现的。具体表现在以下几个方面。

一、改善生理机能

(一)提高生理适应

体育舞蹈健身锻炼能促进运动者的生理产生适应,引起人的生理指标发生变化,通常,这种变化是良性的变化。

体育舞蹈健身锻炼过程中,各种丰富的身体练习对舞者身体的运动能力、身体各个器官和系统的生理机能等具有十分重要的作用。实验表明,在3分钟左右的斗牛舞的比赛中,男女运动员的每分钟心率平均会上升到130~170次。科学参与体育舞蹈改善人的生理功能和心理功能。

研究表明,个体的最佳健身效果的心率区间为120~140次/分。健身性体育舞蹈运动强度低、运动负荷可控,运动健身者的心率能在体育舞蹈中控制在最佳健身心率的有效区间之内,因此,健身性体育舞蹈非常适合大众健身;而以竞技为目的的体育舞蹈中,运动员的平均心率要高一些(表2-1)。研究表明,完成一套有氧体育舞蹈,平均心率可达150次/分。

表2-1 竞技体育舞蹈各舞种运动员平均心率[①]

摩登舞	平均心率(次/分)	拉丁舞	平均心率(次/分)
华尔兹	142.6	斗牛	142.6
探戈	142.6	桑巴	150.2
狐步	140.6	恰恰恰	145.2
维也纳华尔兹	143.1	伦巴	140.3
快步	145.0	牛仔	172.8

通过参与体育舞蹈健身锻炼,改善各生理指标的适应性变化,可令机体有能力承受更大强度、更大负荷的运动。

(二)改善呼吸系统机能

1. 正常人呼吸系统机能水平

正常人的呼吸系统的平均生理机能指标如下:

(1)肺活量:女子的肺活量是2 500毫升左右,男子的肺活量是3 500毫升左右。

---

① 国家体育总局职业技能鉴定指导中心.体育舞蹈[M].北京:高等教育出版社,2012.

(2)呼吸频率:安静状态下,正常人每分钟的呼吸频率为12～18次,肺通气量4～7升。

2. 体育舞蹈对呼吸系统机能的改善

体育舞蹈的练习有利于健全与完善人体的呼吸系统,使呼吸系统的构造和功能向良好方向转变,能有效促进机体的肺通气量和换气效率的提高,进而可提高运动者的呼吸系统机能。

体育舞蹈参与对运动者呼吸系统机能改善的原理与原因如下:

(1)体育舞蹈能够使人体的肺组织弹性保持良好的状态,促使胸廓活动范围有所改进,加深呼吸深度,加大肺活量。

(2)进行定量的体育舞蹈学练,运动者的呼吸功能可出现节省化的现象,保持工作能力的持续状态,延缓工作能力下降时间。

(3)体育舞蹈能刺激内脏器官运动,使氧气摄入量增大,提高呼吸效率,增强呼吸系统的功能。

实践表明,男子坚持科学参与体育舞蹈学练,其肺活量可达到4 000～7 000毫升,女子若经常参加体育锻炼,其肺活量则可达到3 500毫升左右。此外,体育舞蹈实践还表明,同样一个个体,在系统的体育舞蹈锻炼前后,要达到无运动经验时的同样的肺通气量,每分钟呼吸频率只需保持在8～12次即可,由此可见体育舞蹈可以促进机体氧摄取的提高,增强运动者呼吸系统储备功能的能力。

(三)改善心血管系统机能

就我国国民体质现状来看,正常人的每搏输出量为70～90毫升,心率为每分钟70～80次,心脏容积为785毫升;经常参加运动的人每搏输出量为100～120毫升,心率每分钟减少到50～60次,心脏容积可达1 027毫升。

体育舞蹈可有效提高心血管系统机能,表现如下:

(1)增粗心肌纤维,增强收缩力,增加每搏输出量。体育运动参与可令运动者的心脏变得更加的强壮有力,能促进心脏的心肌的发育和发展,促使心脏储备力量的提高。在体育舞蹈学练中,随着身体活动的持续开展,心脏的工作量也会有所增加,如此才能满足机体的血氧需求,因此,在运动中可实现心脏的生理适应,增加心脏毛细血管的开放量,加快心肌的血液供应血氧代谢率。

(2)增加心肌中蛋白质和糖原储备。体育舞蹈健身锻炼可增强心脏的收缩力量。

(3)改变血管壁的结构,长期科学参与体育舞蹈参与可有效预防心血管疾病的发生。

(4)增加血液氧含量,提高氧供应。体育舞蹈强度、运动量可控,因此可以作为一种良好的健身锻炼运动方式,通过体育舞蹈的适应性变化的逐渐提高,来实现运动者机体系统的生理功能的改善。正如前面所说,经常参加体育舞蹈可以有效提高肺泡通气量,这也就为机体的氧充足供应奠定了基础,再加上体育舞蹈参与对运动者的心血管结构、功能的完善,因此可以增强机体的血氧利用率,改善心血管系统机能。

(5)提高心脏工作效率。经常参与体育舞蹈锻炼,可增强心脏在身体运动过程中的血氧供应,可提高心脏每搏输出量,使心脏更加强健。这就使得每博血供应增加,可减少心搏次数,表现为心脏工作效率的提高。

(四)改善神经系统机能

体育舞蹈过程中,运动者需要比日常的静态下工作、学习增加许多肢体的活动,因此,相对于日常的有机体的平时安静状态,体育舞蹈的健身参与,可以使得运动者的机体将有机会获得比不经常运动或者经常处于安静状态更多的血氧、营养供应。体育舞蹈期间运动者所参与的各项身体活动对人体血液循环的改善还能为大脑提供更多的血氧与营养物质。

因此,经常参加体育舞蹈,可以为运动者神经系统的兴奋性和灵活性的保持提供良好的物质基础供应,使整个身体高速、高效运转。

(五)改善消化系统机能

消化系统包括消化腺和消化道两部分,体育舞蹈运动对消化系统的影响如下。

1. 加快营养吸收

人体的肠胃等消化器官都会受到一些体育舞蹈动作的影响,体育舞蹈中的各种舞步变化、身体扭摆、旋转和屈、转、绕环等腰腹部动作都能够积极影响人体的消化器官,帮助运动者改进其消化功能,并且促进人体快速吸收营养物质。

2. 促进代谢废物排出

体育舞蹈健身可促进身体活动的增加,客观上对机体内部器官是一种很好的生理机能调动和物理按摩,这就使得运动者的整个消化系统和代谢系统的活跃,可促进体内废物的排出,对消化道疾病以及便秘等具有良好的预防作用。

3. 增加食欲

体育舞蹈健身可令运动者的体能消耗增多,有利于运动者食欲的增加,促进运动者的心态时刻保持良好状态,并且能够预防疾病的发生,"胃口好"是一个人身体健康的重要表现。

(六)改善运动系统机能

人体的运动离不开运动系统的作用,体育舞蹈参与可促进人体运动系统机能的改善,人体运动系统的生理功能的提高可促进运动者更好地参与体育舞蹈健身锻炼,二者是相互促进的。这里重点分析体育舞蹈参与对运动者运动系统的功能改善与发展促进。

人体运动系统包括骨骼、肌肉、关节三部分,体育舞蹈参与对运动者运动系统功能的提高也主要表现在对这三部分的积极影响方面,具体分析如下。

1. 强健骨骼

运动实践表明,体育舞蹈参与可促进骨骼形状和结构的良性变化,强健骨骼。

长期科学参与体育舞蹈健身锻炼能够使骨骼的新陈代谢速度加快,使血液循环得到良好的改善,从而使骨头密度提高,加强骨细胞的生长能力,使骨变得更粗壮、更坚固,粗壮。

骨骼的粗壮和强健,能使得骨骼抗损伤能力的提高,即提高骨骼抗弯曲、抗骨折、抗压缩以及抗扭转的能力。

2. 强健肌肉

体育舞蹈学练,可使得参与运动的肌肉变得更加强健,具体表现在以下两方面。

首先,体育舞蹈是身体活动,运动过程中,经常活动到的关节和肌肉会得到锻炼,肌肉和关节韧带的灵活性会得到大大的提高,关节周围的肌肉也会变得更有弹性。

其次,体育舞蹈是有氧运动,运动过程中,身体的代谢可以有效地实现减脂的功效,因此长期锻炼可以达到塑造完美的肌肉线条和结构的运动效果,令肌肉更加紧实。

3. 巩固关节及其周围组织、增加关节灵活性

体育舞蹈有十个舞种,各个舞种的动作风格特点不同,但大都包含有丰富的手肘、腰部、髋部、膝、踝等的扭动、摆动、绕环、旋转等动作,这些动作有助于增厚人体关节面骨密质,增粗关节周围的韧带和肌腱,从而使关节的稳固性变得更强,并能增强运动者的关节的活动幅度。和不参与体育舞蹈和不运动的人相比,体育运动者的身体更灵活。

二、促进生长发育

(一)促进新陈代谢

运动可增加机体生理活动、促进新陈代谢。体育舞蹈健身参与过程中,运动者有机体的代谢增加,进而可以更好地吸收营养、排除代谢废物。

一般来说,新陈代谢旺盛,可进一步增加对外界能量的摄取和吸收,这对于机体保持良好的物质基础条件是十分有益的。

青少年时期是人成长发育的重要时期,青少年身体生长发育迅速、新陈代谢旺盛,是人体生理发育的第二个高峰期,而通过科学体育舞蹈健身参与可促进青少年健康发育。

(二)促进骨骼生长

骨骼作为身体的支架对身体起到了重要的支撑作用,对于体育舞蹈运动者来说,长期坚持体育舞蹈的学练,可令骨骼更加强健并可促进骨骼的生长发育。

经常参加体育舞蹈,可令骨骼强健、加速生长。

1. 强健骨骼,使骨骼变粗

体育舞蹈有多个舞种,不同的舞种可以使运动者的不同身体部位得到锻炼。参与体育舞蹈,可促进血液循环,增强新陈代谢,这对于促进骨骼的结构、形态、机能变化是十分有利的。它可强健骨骼,使骨骼能承受更强的外力冲击,而且能有效地促进骨的结构与功能的变化,使骨密质增厚。骨小梁的排列受肌肉的强力牵拉和外力的刺激作用,增强了骨的坚固性,有利于骨骼承受更大的外力作用,提高了骨的抗扭、抗变、抗断和抗压能力。

2. 促进骨骼生长

体育舞蹈可促进骨骼发育,使骨骼变粗变长。

运动实践表明,相较于无运动经验的青少年来说,经常参与体育舞蹈学练的青少年,平均身高要更高一些。

体育舞蹈科学锻炼,可使运动者的骨骼发育更健康、更结实、增长更快,有助于促进运动者身高发展。对于生长发育期的人来说,参与体育舞蹈健身锻炼,能充分利用骨骼的生长规律,促进运动者身高增长。

三、发展身体素质

就力量素质发展来说,体育舞蹈要求运动员具有一定的力量素质基础,并可促进个人力量素质的发展。体育舞蹈实践表明,经常性地参与体育舞蹈可以增加肌肉体积、增强结缔组织韧度、提高肌群耐力水平和收缩协调性。此外,长期参加体育舞蹈的人会在体内储备足够量的肌糖原。体育舞蹈还会使肌红蛋白含量增多,这对于肌肉的储氧能力的提升大有帮助。长期坚持参加体育舞蹈,可使肌肉中线粒体数量增多、血液循环加速、肌肉可以工作更长时间。

就运动者的协调性发展来说,体育舞蹈过程中,各种动作、路线、落地等的控制需要充分动员身体各部分肌肉,这就需要身体各方面协调配合。因此,长期参与体育舞蹈能有效提高机体的协调性。

此外,经常参与体育舞蹈,能有效提高中枢神经系统的反应能力,在一定程度上增强人体各方面的协调性和灵敏性,提高人的反应速度。

(一)发展力量

体育舞蹈的许多动作对运动者的动作力量有一定的要求,通过长期的体育舞蹈学练可增加机体各部位肌肉的力量。

体育舞蹈中各种舞蹈技术动作对动作力量、弹动力、力度以及活力等的要求和锻炼具体分析如下。

(1)舞者的动作技术完成需要对技术动作的力度进行很好的把握,这是对肌肉力量素质的锻炼。

(2)体育舞蹈内容丰富,各舞种风格各异,在体育舞蹈参与中有许多身体弹动性的动作,这些动作对于整个身体的协调能力和肌肉、身体弹动力具有很好的锻炼作用。

(3)体育舞蹈参与过程中,人体的肌肉力量表现出了运动美,这种运动美是建立在良好的力量控制力基础上的。

总之,在体育舞蹈训练中力量素质显得尤为重要。首先,良好的力量素质及其训练可以让肌肉的线条更加紧实,外形更显优美。在许多的技术技巧中,也要求舞者的肢体具有良好的控制能力。此外,舞伴之间的配合推拉也需要驾驭在力量的基础之上,舞蹈中转体的好与坏与运动员腰腹力量及控制能力有直接的关系。就连拉丁舞王者斯拉维克(Slavik)曾经也说过:"毫无力量的舞动只是昙花一现,富有力量的舞蹈才是魅力展现。"

(二)增强耐力

据有效数据统计:一支牛仔舞的运动强度与百米急速跑的运动强度相当。在全能比赛(10支舞连跳)中,运动员需要极力展现技术动作的同时合理的分配体能来完成每支2分钟左右的舞蹈,也就是说全能选手要持续跳20分钟左右的套路,其强度可想而知。体育舞蹈对肌肉耐力提高的肌肉适应性变化如下:

1. 肌肉体积增大

肌纤维,又称"肌细胞",是肌肉的重要构成单位。肌纤维的生长可有效促进肌肉的功能增长,引起包括肌肉结构、肌肉形态在内的肌肉变化。

系统科学的体育舞蹈健身锻炼可令肌肉强壮、体积变大,使快肌纤维向慢肌纤维转化,进而使肌肉体积增加。

2. 肌肉结缔组织强韧水平增强

在体育舞蹈参与过程中,肌肉的不断锻炼可促进肌肉的伸展、收缩,这对于促进肌肉结构中的肌腱和韧带中的细胞增生具有重要的促进作用。肌腱和韧带的强健可令肌肉更具弹性,具体表现为能承受更强的拉伸,并能在伸展后快速收缩恢复,也能在单位时间内迸发出更多的肌肉工作效率。

3. 肌纤维类型和特点改变

正如前文所说,肌纤维是构成肌肉组织的重要结构要素。肌纤维在有机体参与体育舞蹈的锻炼过程中可得到有效的发展,具体表现为肌纤维的增多、增粗,无疑这是对肌肉的功能的一种提高。

另据研究表明,肌肉中的线粒体也会随着体育舞蹈的参与而出现增多的现象,线粒体的增多可促进肌纤维的毛细血管的数量和体积变化,可促进血液循环和新陈代谢。

4. 肌群收缩协调性提高

体育舞蹈包含了许多跳跃、旋转、快速起动和急停等动作,这些动作要求运动者的有机体能实现对运动肌肉的良好控制,具体表现为肌肉的快速伸展和收缩的能力。体育舞蹈的各种舞蹈动作的完成,要求身体各部分肌肉的完美协调,而肌肉收缩协调需要有机体对原动肌、对抗肌和固定肌共同收缩、配合完成,因此体育舞蹈可提高肌群的协调性。

(三)改善柔韧性与灵敏性

体育舞蹈是有氧运动,从事有氧运动健身,可实现对身体的全面塑造,实现健身、健美目的。体育舞蹈有多个舞种,各种舞种有不同风格与特点的舞蹈技术动作,各种摆、踢、抬、扭摆、跳跃、转体等动作均要全身的每个部位协调参与才能完成,对全身各关节柔韧性的要求也不相同。所以经常参加体育舞蹈可以有效改善身体的柔韧性。

体育舞蹈比较重视练习力度与幅度,和球类、田径等运动相比,体育舞蹈对运动者的身体柔韧性要求较高。体育舞蹈常包含一些屈、展、踢腿、劈腿等动作,这些都对舞者的柔韧性与动作灵敏性有一定的要求,长期练习可促进机体的柔韧与灵敏素质的发展。

在体育舞蹈比赛中,可以说,柔韧性是舞蹈制胜的先决条件。所有高难度动作的完成都需要建立在具有良好的柔韧性基础上,这里的柔韧性指的是肩关节,髋关节,腿部及腰部等一系列的柔韧拓展。例如最典型的桑巴"Natural Rall"或是"Reverse Rall",要想把该动作幅度做大、展现更完美,就必须有良好的腰部柔韧性。又比如许多以"New york"展现的造型亮相,这对肩关节的柔韧性要求很高,含胸抠肩会让人觉得动作小气、无张力,挺胸开肩的动作才具有大气、舒展的视觉效果。另外体育舞蹈中最能体现身体灵活性及柔软性的动作"Body Rall",以及一些比赛或表演时下叉及踢腿的高难度动作均体现超凡的腿部柔韧性。

体育舞蹈赛事是一项多对选手同场竞技的观赏性赛事,因此同场竞技时不免有肢体上的碰撞和摩擦。这就要求运动员们具备良好的灵敏性,能够轻松化解紧急情况下的肢体碰撞,同时不影响动作的持续完成。灵敏性差的运动员,一旦出现动作中断就无法再跟上音乐节奏,破坏了步调,无法再持续舞蹈了。由此可见,体育舞蹈对参与者灵敏性的较高要求。

除了上述素质外,体育舞蹈还有利于运动者表现能力和动作熟记能力的提高,有利于运动者神经系统的灵活性与均衡性的提高,从而极大地发展运动者的协调素质。

(四)各素质协调发展

体育舞蹈参与过程中,舞者整个舞蹈的完成并不是单一一种身体素质的调动就可以实现的,而是需要多种身体素质的完美配合,也正因如此,体育舞蹈锻炼可以全面促进舞者的各种身体素质的发展和提高。

首先,长期科学地参与体育舞蹈健身锻炼,可促进舞者舞蹈技术动作的熟练程度,这就意味着舞者的动作力量的发展。

其次,体育舞蹈的许多技术动作需要一定的速度和技巧,这就锻炼了舞者身体的速度、灵敏和协调性。协调性是制约舞蹈成败的关键因素,协调性好的运动员动作的编排就相对于复杂和多样化一些,内容看上去更加丰富,身体姿态更加标准,肌肉线条的展现更具有魅力。反之,协调性差的运动员动作编排相对简单,对称性动作居多,动作简单缺乏多样性,表现内容单一,身体姿态无控制,容易出现扛肩、抠胸、挺肚子等一系列错误动作。

再次,舞者的体育舞蹈锻炼并不是一两分钟就能完成的,一次体育舞蹈健身持续最短几十分钟,最长达数小时,这对身体的耐力素质是很好的锻炼和挑战。

最后,体育舞蹈的编排并非随心所欲的,必然需要遵循人体运动的基本规律和体育舞蹈的发展变化规律与特点。科学的体育舞蹈的学练,因为符合人体生长发展和发育规律,也自然能促进身体各项素质的发展。科学与合理的舞蹈技术动作创编,对体育舞蹈参与者的身体状况必然要进行充分的考虑,有助于针对性的健身练习,以促进运动参与者的身体素质的发展。

总之,体育舞蹈科学参与能全面发展运动者的各项身体素质。

四、康复保健养生

(一)防治伤病

体育舞蹈不但是塑形美体的有效运动方式,而且还是医疗保健的有效方法,表现出医疗保健的作用。

体育舞蹈作为大众健身的重要体育运动项目,对现代人的身心健康发展有重要的作用。现代社会,节奏快、压力大,现代人备受亚健康的困扰。世界卫生组织曾经在全球做过一项调查,结果显示在全世界仅有约5%的人属于完全的健康,20%的人被诊断为患有疾病,其余75%的人则均处于亚健康状态。在我国,处于健康状态的人约15%,约70%的人处于亚健康的状态。体育舞蹈健身锻炼能有效缓解运动者的各种身心压力,缓解现代人的亚健康状态。

此外,体育舞蹈对舞者的身体素质的促进是全面的,可全面增强舞者的身体机能,这就使得舞者的整体身体素质水平和体质水平得到了提高,身体免疫力更强。

值得提出的是,体育舞蹈锻炼虽然有诸多好处,但应科学参与,不要挑战超过自己身体运动承受能力和技术能力之外的舞蹈练习,以免造成超负荷和运动伤害。

(二)延缓疲劳

体育舞蹈属于有氧锻炼,小强度的体育舞蹈学练是一种积极性的休闲,是一种放松,有助于延缓疲劳,促进身心恢复。

体育舞蹈所带来的运动生理变化,如增加肌红蛋白含量,提高肌肉储氧能力,减少乳酸生成,促进肌肉中CK酶的活性提高等,也能有效提高运动者的抗疲劳能力。

(三)伤病康复

1. 伤病症缓解

体育舞蹈的运动强度和运动量可结合运动者的具体身体情况进行调节和选择,对于一些病人、残疾人来说,可以做一些简单的舞蹈动作练习,来促进机体有障碍部位功能的恢复。

2. 骨伤修复

关于体育舞蹈对舞者的骨骼的生长发育、强健促进等功能已经在前文进行了较为详细的介绍。

对于骨骼受到损失的人来说,要想恢复骨骼的一部分机能、促进骨骼修复、强健,可以选择进行体育舞蹈学练,以改善骨骼的受伤情况实现骨骼的修复。实践表明,通过科学的运动康复,可令骨折受伤部位甚至比伤前更坚硬、结实。

(四)养生延年

体育舞蹈对预防人体器官功能衰老、肌肉衰老、骨骼老化等具有重要作用。

首先,体育舞蹈健身参与可促进运动者的有机体各生理系统和器官的功能保持在良好水平。器官的保持持续有效(不过重负荷)的工作状态,有助于有机体的年轻和有活力。

其次,体育舞蹈可改变肌肉和骨骼的结构和形态,使肌肉保持力量、弹性,使骨骼坚硬、不老化。体育舞蹈锻炼可增强肌肉力量、增加肌肉弹性,避免肌肉松弛老化,因此具有延缓肌肉衰老的重要的运动价值与作用。

最后,体育舞蹈锻炼可促进身体的代谢废物的排出,对身体来说也是一种抗衰老。

五、发展智力

体育舞蹈对于舞者的智力的有效开发表现如下:

首先,体育舞蹈运动参与可促进身体活动,可增加新陈代谢,包括脑部的新陈代谢,这对脑部来说是一种重要的生理性锻炼,可增强脑工作效率。

其次,体育舞蹈的技术动作的学练、与舞伴的配合过程,都需要舞者认真认识和理解体育舞蹈的知识、技术原理、运动规律,这是一个需要思考的过程,是对大脑的思维锻炼。

再次,体育舞蹈的动作反复学练和记忆,可增强和提高大脑的记忆能力。

最后,体育舞蹈的舞蹈过程中具有一定的舞蹈意境,这种意境需要运动者心领神会,发挥想象,因此可以说体育舞蹈学练过程也是舞者发散思维的培养过程。

第二节 体育舞蹈的健心价值

健康包括生理健康和心理健康,体育舞蹈健身参与有助于舞者的自我健康心态和性格的塑造。体育舞蹈的健心价值具体表现如下。

一、丰富情感

(一)体会运动乐趣

运动能给人带来快乐。运动能促进人体内酚酞的分泌,这是一种能令人感到兴奋的物质,可产生快乐感。

在全民健身计划实施和建设"健康中国"社会背景下,我国大众健身路径不断完善,在公园、广场等健身场所,人们积极参与体育舞蹈锻炼,享受运动的畅汗淋漓,释放压力、愉悦身心。

(二)体验成就感

对于体育舞蹈健身者来说,参与体育舞蹈,学练各种舞蹈技术动作需要付出艰辛的努力,长期坚持练习,可体会到"付出之后终有收获",会有强烈的成就感。

对于通过参与体育舞蹈运动以实现形体健美的运动者来说,通过坚持长期的体育舞蹈运动锻炼,在大汗淋漓之后、在忍受肌肉拉伸的疼痛之后,能看到身材的显著变化和精神状态的改善,同时也能体会到运动的成就。

从体育舞蹈健身锻炼中获得的成就感,将在日常生活中也激励体育舞蹈健身者积极向上、争取成功。

(三)体验认同感

体育舞蹈学练往往是在集体环境中开展的,与舞伴的配合学练则是一个小的团体,体育舞蹈中处处体现合作与协同。

现代社会,社会分工细,更需要不同工种之间的配合,当下几乎已经很少有只通过一个人的努力就能实现较大目标的情况了。参与体育舞蹈,运动者通过努力可以感觉到自身发生良性的身心变化。这种良性变化如果被同伴和其他学员感知到,会获得大家的认同,而这种集体性的认同能给体育舞蹈参与者更大的快乐、成功体验。相较于个人感受,这种认同感所带来的快乐和成就感是翻倍的。

(四)增进情感交流

人作为社会成员,离不开与他人的交流,人际交流体现在学习、生活等各个角落。

体育舞蹈健身学练需要舞伴的配合,在参与体育舞蹈过程中,舞伴之间的配合是一种交流,与其他舞者的技术切磋和沟通提高也是一种交流。体育舞蹈为具有相同爱好的人提供了一个共同的话题,增进了彼此的情感,提供了交际的机会,可提高舞者在日常生活中与人建立良好关系的心理和能力。

二、塑造健康心态

(一)缓解压力

参与体育舞蹈锻炼,可在运动过程中释放身心长期积累的各种疲劳,沉浸在体育舞蹈学练过程中,可让运动者集中注意力于舞蹈本身,而抛却生活中的烦恼。

此外,参与体育舞蹈的过程,通过感受、感知体育舞蹈的美的动作、美的音乐,对舞者的心理是一种感染和净化,有利于促进舞者的放松和欢喜心理形成。

(二)愉悦心情

体育舞蹈可有效缓解身心压力,进而实现心情的愉悦。体育舞蹈的参与过程,也是舞者的不愉快的意识、情绪和行为的输出过程,同时也是舞者收获快乐心情、平复心理的过程。运动后能使舞者以更加积极、饱满的精神状态投入当下的生活、工作。

体育舞蹈运动锻炼,不仅可健身,更可健心,使运动者在随音乐翩翩起舞中忘记疲劳、忘记伤痛。

(三)排解不良情绪

心理学研究表明,情绪可对人产生"吸引力",积极的人更容易接受积极的信息,而消极的人则更容易关注消极的信息。简单来说,如果一个人非常关注开心的事情,那么他会收到更多的积极信息,让他更加开心;相反,如果他思想消极,则会更多地关注挫折信息,最终形成不良情绪,导致不健康心态的产生。

体育舞蹈能有效调动和改善人的情绪,将人所关注的"吸引力"变消极为积极。

首先,尽管体育舞蹈内容丰富、舞种多样,但是各个舞种都很欢快,表达的是积极的生活情趣。参与体育舞蹈运动,人们可以受到体育舞蹈动作和运动魅力的感染,形成健康积极的心态。

其次,体育舞蹈的音乐多积极向上、活泼欢乐,充满激情,而音乐对人的心理具有重要的影响作用,积极的音乐可令人积极向上、摒弃烦恼。

(四)预防心理疾病

现代社会,竞争激烈,很多人都存在一定程度的心理问题,严重的身心压力更可导致各种心理疾病的产生。参与体育舞蹈,可有效避免心理疾病的产生。

首先,体育舞蹈动作学练中,各种动作的完成需要集中注意力,靠坚强的意志力去学习、认知、完成,这对舞者的心理是一种良好的锻炼,可增强舞者的心理承受能力。

其次,体育舞蹈的音乐能对舞者的心理产生影响,音乐对心理的影响作用已经得到了心理学研究的证实。体育舞蹈多活泼、积极向上的音乐,可促进舞者健康心理的形成。

总之,参与体育舞蹈可令人开朗自信,从初次接触体育舞蹈的羞于在众人前起舞,到熟练体育舞蹈后的自信展示都能展现出体育舞蹈参与对运动者个体心理的影响。而越是心情愉悦、性格开朗,就越有利于体育舞蹈的进一步学练成果地取得。一般来说,性格外向的人,动机水平相对较高,心理压力小,更能迅速掌握技能,表现稳定。[①] 这是一个相互促进的运动促进心理健康的过程。

三、塑造健康心态

(一)提高专注力

体育舞蹈的许多舞步变化动作、舞伴配合动作都复杂多变,在体育舞蹈健身锻炼过程中,要想正确、准确地完成舞蹈动作,需要集中注意力,才能把握动作要领。

体育舞蹈过程中,参加体育舞蹈的运动者需要积极调动全身各个部位的肌肉和关节,这样才能正确地完成每一个舞蹈技术动作,并能完成与舞伴之间的配合,长期练习有助于提高运动者的专注力。

(二)提高情商

舞蹈对运动参与者的运动能力、意识、交往等各方面的能力的发展具有重要的促进作用。要想表现出良好的运动状态和竞技水平,运动者必须学会如何更好地应对运动及生活中遇到的各种困难。通过参与体育舞蹈能够很好地培养运动者积极、正确处理各种问题的能力。

体育舞蹈活动中与舞伴相处处考验个人的情商。无论男士成功邀请女士,或女士成功邀请男士,都需要尊重彼此。在舞

---

① 商虹.体育心理学[M].成都:西南交通大学出版社,2010.

会现场体现女士的高贵典雅,将其手托高或挽起手肘步入舞池,当与舞伴站定位置,摆好舞蹈架型后,要时刻关注你的舞伴,不可另觅其他舞伴,否则是对舞伴极大的不尊重。男士在舞蹈中,右手臂放定于女士左肩胛骨上,不可随意移动。女士在舞蹈中,不可无故将其自身重量完全依附于男士身上,加重男士的负担,使其狼狈不堪。

总之,体育舞蹈丰富的动作情感、音乐情感,以及与舞伴的和谐相处,这些情感体验和交往经验都有助于提高运动者的情商。

(三)坚定毅力

体育舞蹈入门简单,但是要真正掌握各个舞种的技术动作难度相对较大,初期尝试体育舞蹈的人往往会有踩舞伴的脚的经历,这对舞蹈初学者和舞伴都是一个不小的运动困难。

要轻松完成各种舞蹈技术动作转换,并与舞伴完美美好,对参与者的身体耐力、协调和灵活等素质要求也较高,不下功夫,就很难跳好体育舞蹈。而长时间的枯燥练习,可能导致运动者对体育舞蹈学练丧失信心。

体育舞蹈技术技能学练过程中,运动者应有充分的耐心,不急躁,体会动作技术的细节,掌握其基本规律。而在掌握了基本技术后,要想向更高级别的技战术发起挑战的话,更不是一蹴而就的,必须持之以恒、循序渐进,付出更多的耐心和不懈的努力。

(四)完善性格

体育舞蹈的多情感、多角色体验,可促进运动者良好心态、健全性格的形成。

首先,初学者参与体育舞蹈健身学练时,常常被优秀舞者的技术所折服,面对优秀舞者的表现和对自身技能提高的渴望,往往产生急躁心理。必须充分认识到,明星舞者的技术动作是经过长年累月的训练才取得的成就。学习体育舞蹈时,应该以自身的实际情况出发点,不应脱离实际,好高骛远。面对困难,也不要妄自菲薄。

其次,任何参与体育舞蹈训练的舞者,只要坚持科学锻炼,都能充分享受运动快乐、排除一切负面情绪干扰,对焦虑、抑郁的患者起到长期稳定的缓解作用。还可以使沉默寡言、性格孤僻的运动者积极与人进行情感交流,对于运动者负面情绪是一种良好的抒发,端正参与态度、科学健身。

第三节 体育舞蹈的健美价值

一、体形健美

体育舞蹈的许多舞蹈动作,都对形体健美具有良性促进作用。体育舞蹈对舞者的身体健美塑造体现在以下几方面:

(一)降低体脂率

体脂率是反映个人身体内脂肪含量的一个数值比,也就是身体的脂肪含量占人体总体重的百分比。一般来说,肥胖的人体脂率高,体型瘦弱的人体脂率低。但必须注意的是,体脂率并非越低越好,低于正常标准的体脂率反而是不健康的表现。

研究表明,正常成人的男女正常体脂率比值应分别为 15%～18%、25%～28%。运动员的体脂率一般要更低一些,在 15% 左右,这是因为运动员的运动量大,耗脂多,而且很多体育运动项目都对运动员的体重,主要是脂肪量有严格要求,如果运动员过胖,会影响运动员的速度。

体育舞蹈是有氧运动,具有消耗体内脂肪的重要运动价值,如果坚持长期练习可有效消除运动者体内的脂肪含量,这也是参与体育舞蹈能瘦身塑形的重要原因。

体育舞蹈是一项有氧健身运动,长期坚持锻炼能有效改变运动者的身体成分,最重要的是使运动者的体脂率发生变化。分析如下。

(1)体育舞蹈健身学练过程中,运动量和运动强度要比安静状态大很多,运动过程中人体的新陈代谢也会快很多,会加快体内糖和脂肪等热量能源储备的消耗,而且,体育舞蹈动作优美,有很多舒展性的动作,因此对于现代人来说,通过运动减脂塑形是非常好的一种运动选择。

(2)长期科学参与体育舞蹈健身运动,上臂皮脂、背部皮脂、腹部皮脂的厚度明显减少,肌肉力量也获得提升,健身和健美效果可谓十分明显。

(3)如果体内脂肪含量严重超标则会给身体带来负担,甚至成为多种疾病的诱发因素。坚持体育舞蹈学练可消耗身上多余的体脂,尤其是皮下堆积的脂肪的消耗,能减轻体脂堆积可能对人体产生的各种生理和心理负担。体育舞蹈健身锻炼能使运动者的身体更苗条,使运动者身心均受益。

(二)改变肌肉结构

一般来说,舞者多体态健美,体育舞蹈者更具有完美的曲线和身材。体育舞蹈运动可以使肌肉纤维变粗,供血条件改善,能增强骨骼的力度与韧性、关节的灵活与稳定,这对青少年进行形体塑造具有良好的作用。

(三)使身体更挺拔

经常参加体育舞蹈,可以使骨骼长度增加,最直观的运动体验就是身高的增长。体育舞蹈可促进人体生长激素的分泌,可以促进骨骼组织中骨骼两端的骺软骨的增长和硬化,因此,体育舞蹈可令人体更加挺拔、修长。

在青少年时期科学系统地参与体育舞蹈健身锻炼,有利于其骺软骨的健康生长。

(四)纠正不良体态

1. 对肥胖形体的改善

体育舞蹈有重要的减脂作用,如果身体肥胖的人能长期科学地参与体育舞蹈学练,可令身体的体形和体态发生改变,主要是向着体脂减少、身形变瘦的方向发展。

2. 对不良姿态的改善

体育舞蹈中的一些基础动作和形体训练内容具有纠正运动参与者不良体体态的重要作用。体育舞蹈的基础性把杆训练、形体训练都能对天生的体形缺陷具有一定的弥补作用,可以矫正畸形的身体形态,使人的形体恢复良好。

3. 良好气质的培养

体育舞蹈的多种舞蹈风格都有助于舞者良好个人气质的培养,经常性地参与体育舞蹈有利于保持健康体质水平,并散发青春活力。

二、审美提高

(一)观赏美

对于运动参与者来说,体育舞蹈是一种包含了多种艺术元素的体育运动形式,如动作节奏美、造型美、韵律美、音乐美、服饰美、意境美等等,这些都能给参与体育舞蹈的运动者以直观的身体、感官、心灵体验。

对于体育舞蹈观赏者来说,其间接参与到体育舞蹈运动中去。舞者的体育舞蹈运动之美可以打动观众,并使观众产生共情,有助于提高运动观赏者的对美的动作、美的音乐、美的情感的审美。

(二)道德美育

体育舞蹈参与可培养舞者的体育道德美、精神美。

体育舞蹈的活动参与往往需要两个舞伴的相互配合。在相互的配合协调过程中,运动者学会与舞伴之间的交流、沟通、合作,尊重舞伴并信任舞伴。这些在舞蹈环境中进行的人际交往更带有艺术性,更有利于运动者的体育道德和体育品德培养,同时,这种良好的体育道德和体育品德还能影响到舞者的日常道德与行为。

体育舞蹈运动中有许多舞蹈规则,运动者参与体育舞蹈学练,必须遵循体育舞蹈运动的这些规则,如在舞池中的沿着舞程线行进,与其他舞伴之间互相礼让,决不能打破规则、恣意妄为,任何不礼貌、不道德的行为都是对其他舞者的不尊敬,也会遭到其他舞者的不齿。因此,在体育舞蹈的良好体育道德环境和氛围中,有助于运动参与者建立良好道德行为规范。

(三)创造美的意识和能力的提高

体育舞蹈健身锻炼是一个需要长期坚持的过程,对于真正喜欢体育舞蹈的舞者来说,无论初学者还是长期坚持运动者,都会自行或者在教师、指导员的引导下接触到体育舞蹈动作和音乐创编,这对于提高体育舞蹈运动参与者的创造美的能力具有非常大的促进作用。

第四节 体育舞蹈的社会适应性价值

社会适应是指个体或群体通过自身或周围环境的调整,改变观点、态度、习惯、行为以适应社会的条件和要求的过程,是个体不断社会化的过程。体育舞蹈是一种社交性舞蹈,对发展体育差异化人的社会性发展具有非常密切的关系。体育舞蹈参与对个体的社会适应性的改善和促进价值具体表现在如下几方面:

一、促进社会融入

(一)增进社会交往

健康的人际关系应该是乐于交往,接触他人时持积极态度,能够理解和接受别人的思想感情,也善于表达自己的思想感情。在交往过程中既能取悦于人,也能愉悦自己。

体育能提高个体的交际能力,参与体育活动的个体必须经过交流并最终达成一致意见才能顺利地进行体育活动。因此,体育活动为个体与他人进行人际交往提供了一个良好的平台。

和其他体育运动项目的单人、双人参与性质不同,体育舞蹈必须是两人一组参与,需要男女组合才能完成。各种形式的体育舞蹈活动中,通过与同伴的默契配合,良好的情感交流增加了人与人之间的交往与沟通。

在体育舞蹈学练过程中,每一个参与者都要经历由开始不会、不懂,到后来能独立完成运动训练的过程,这个学练过程需要运动者与教师、指导员的不断交流来实现。作为人与人之间进行交流的有效体育运动形式,在共同参与体育舞蹈的过程当中,舞者之间交流思想和情感,提高自身社会适应能力的同时,培养与其他舞者之间珍贵的友谊。

(二)丰富社会生活

通过优美的舞蹈韵律,增进友谊,丰富生活,使人在交往、合作中获得满足感,从而愉悦心情、获得享受。

目前,体育舞蹈以各种形式存在于社会大众的日常生活中:
(1)以社区居民交谊舞健身。
(2)健身俱乐部的健身舞蹈课。
(3)职工的体育舞蹈联谊活动。
(4)民间民族、节庆舞蹈活动。

二、完善社会心理

(一)个人健康心理的构建

实践证明,体育舞蹈具有良好的健身健心运动价值,对运动者的个人心理、社会心理均有健康促进作用。

体育舞蹈的社交价值可以促进不同运动者因相同的舞蹈爱好而走到一起,在轻松愉悦的舞蹈环境中、在共同学习舞蹈的基础上彼此交往、交际。它可以缓解个人压力,有利于其更好地与人相处、融入集体。而且体育舞蹈中丰富的舞种、丰富的动作、丰富的音乐等都能给舞者带来不一样的心理体验,对于舞者的群体心理是一种良好的锻炼。

(二)群体健康社会心理的形成

体育舞蹈对人体的健康具有极大的促进作用,现代社会,身体、心理和社会适应能力的三维健康观成为人们的共识,参与体育舞蹈能促进人们身体、心理和社会适应能力的发展。构建社会主义和谐社会,离不开社会中每一个人的身体健康、心理健康和社会健康。

长期科学参与体育舞蹈,人们在运动过程中不仅恢复了体力与精力,令身心愉悦,同时也促进了社会交往,有利于人们更好地去从事各种社会生活,为人们的社会参与奠定良好的身心基础。

三、促进和谐社会构建

(一)提高劳动力质量

体育舞蹈有着丰富内容与多样运动形式,运动者在参与体育舞蹈过程中,能够依据自身的条件灵活调整运动量。可以说,体育舞蹈老少皆宜、男女不限,科学把握运动范围与运动量,能促进个体身体素质和生理机能的综合发展,同时,有助于提高个体的免疫力。这些有益的身体促进,从整体上来看,提高了劳动力的质量,对个人适应社会、促进社会发展均有利。

(二)促进和谐社会共建

体育舞蹈蕴含着丰富的文化价值,它有助于培养人们的社会意识,如自由、平等、和平共处等。

首先,体育舞蹈是大众体育健身项目,在全世界范围内广泛流传,任何人,不分肤色、贫富、贵贱、种族、信仰和性别,都可以参与其中。自由和平等的体育参与意识不仅成为社会共识,也渗透到人们生活、学习、工作的其他方面。

其次,体育舞蹈的科学参与可令运动者受益颇多,这正充分体现了付出与收获的公平性。在社会生活中,要学会努力和积极进取,如此才能实现自己的个人价值和社会价值。

再次,体育舞蹈的发展,需要依托社会政治、经济、文化等各方面的力量,否则体育舞蹈会失去发展基础。参与体育舞蹈,能促进运动者的开放性社会意识的形成,并学会向优秀和榜样学习,以不断促进自身的发展与完善。

最后,知识的发展是促进人类社会发展的重要基础。参与体育舞蹈健身,并非单纯的动作模仿,运动者还必须掌握一定的运动知识、训练规律及舞蹈相关知识,如此才能使得体育舞蹈的健身实践在理论知识指导下更加科学、高效,参与体育舞蹈可引导人们崇尚知识、不断学习,追求进步。

第三章 体育舞蹈全民参与的可持续发展

全民健身时代,健身成为人们社会生活的重要组成部分,体育舞蹈作为大众健身的一种重要健身项目,具有十分重要的地位和作用。本章在对现阶段我国全民健身发展进行研究的基础上,着重分析了体育舞蹈的全民参与现状及其在全民健身中的地位与作用,结合当前我国全民健身与体育舞蹈发展,就体育舞蹈大众健身中重要的俱乐部健身发展进行了深入研究,并探讨了体育舞蹈的社会组织与科学发展。

第一节 全民健身及其发展

一、全民健身的背景

(一)全民健身的国际背景

人类社会的健康持续发展,离不开健康,健康是个人和社会发展之根本,不仅关系到个人、家庭、社会,也关系到国家、乃至整个世界的发展。

从世界范围来看,从古希腊人崇尚人体健康美而创设古代奥运会,我国古代重视健身养生,到现在各国重视本国人民的体质健康、关注国家体育事业的发展,健康一直是人类共同追求的目标。

　　整个20世纪,世界局势动荡,先后发生了两次世界大战,国民健康被搁置。"二战"以后,各国都将重点放在经济发展上,民众生活水平不断提升,影响和促进了世界体育健身的发展。

　　从20世纪70年代后期开始,随着战后各国的社会、经济、文化、科技等的不断恢复和快速发展,国外发达国家的经济平稳发展,社会工业化和现代化进程加快。这一时期民众对健身的需求呈现出新的变化:一方面,民众的闲余时间大大增多。有了更多的时间去参与健身锻炼;另一方面,劳动强度和时间大大下降和缩减,再加上营养过剩和运动不足等原因,文明病多发,健身需求也进一步增加。在这样的社会大背景下,各个国家和地区开始重视本国家和地区的大众健身的发展,从各个方面进行鼓励、支持,满足本国和本地区大众健身需求。

　　20世纪80年代,为了解决民众的健康问题,提升身体素质,国际上关注和致力于大众健身的组织越来越多。这些国际上的大众健身组织积极推广大众健身,并加强各国之间在民众健身方面的交流与合作。一时间,以民众健康为主要内容的各种活动开展十分活跃。

　　1985年,国际奥委会设立了"大众体育委员会"。

　　1986年,"世界大众体育大会"在德国法兰克福组织召开。

　　1989年,第11届世界健康大会在加拿大多伦多举行。

　　1993年6月,国际奥委会和世界卫生组织签订双方合作备忘录,指出"双方合作的核心,是全民体育和全民健身"。

　　1994年,世界卫生组织参与"国际大众体育联合会"组织。同年,第5届世界大众体育大会确定了"大众体育与健康"的主题,并提出"2000年体育为人人,健康为人人"的口号。

　　除了一些专门性的国际健康组织,还有一些在国际上影响广泛的国际综合事务组织也纷纷开始关注世界范围内的人类健康发展,联合国教科文组织、国际体育联合会纷纷加入大众体育和健康工作的开展中。

进入 21 世纪以后,大众健康问题在世界范围内受到越来越多的关注。目前,全球性的体育健康氛围已经形成。

(二)全民健身的国内背景

1. 改革开放前期我国全民健身发展

20 世纪 70 年代末 80 年代初,我国开始实行改革开放,国内各方面都发生了很大的改变,整个社会经济开始复苏并快速发展,包括体育在内的社会其他事业也获得了较快发展。随着人民的生产方式、生活习惯、健身观念等的改变,我国大众健身被逐渐提上日程。

1995 年 3 月,全国人大八届三次会议《政府工作报告》中明确提出:"把发展群众体育推行全民健身计划,普遍增强国民体质作为重点。"此后,我国全民健身逐渐得到国家重视、并开始走进人民群众日常生活。

20 世纪 90 年代以来,我国经济快速发展,休闲社会正式到来,人民的体育健康观念发生了很大的变化,开始更加关注体育参与、关注健康,体育健身与休闲成为人民提高生活水平和质量的重要手段。

为切实保障人民群众的健身权利,在新的历史条件下,我国先后实施多项法律和法规,确保人民群众参与体育运动,群众体育与竞技体育的发展差距不断缩小,并协调发展。1995 年,《中华人民共和国体育法》《全民健身计划纲要》等政策法规的颁布实施,人们得以自主选择和充分享受体育的权利得到了有力的保障与支持。

2. 21 世纪以来我国全民健身发展

21 世纪以来,我国体育事业的社会、经济发展背景良好,为全民健身奠定了良好的发展背景和基础。

随着我国国民经济持续稳步发展,产业结构和居民消费结构不断升级,居民人均可支配收入持续增长,群众生活水平显著提高。群众对生活质量有了新的、更高的追求,参与体育健身成为生活的重要一部分内容。

自 1995 年以来我国全民健身计划已经实施了二十余年,群众体育健身取得了不小的成就,体育人口持续增长,全民健身路径日益完善,国民体质健康水平不断提高。

2007 年,中国共产党十七大报告提出要"广泛开展全民健身运动"。"全民健身"是开展全国体育工作的要求。同年,在中国科协年会上,卫生部部长陈竺公布"健康护小康,小康看健康"三步走战略。

2008 年,为积极应对我国主要健康问题和挑战,卫生部启动"健康中国 2020"战略研究。

2015 年 10 月 29 日,中共中央发布了《中国共产党第十八届中央委员会第五次全体会议公报》,详细阐述了中国共产党未来"十三五"规划的建议。

2016 年 8 月 19 日至 20 日,全国卫生与健康大会在北京顺利召开,国家主习近平出席会议并发表重要讲话,指出"人们常把健康比作 1,事业、家庭、名誉、财富等就是 1 后面的 0,人生圆满全系于 1 的稳固"。

2016 年 10 月 25 日,中共中央、国务院发布《"健康中国 2030"规划纲要》,该文件明确提出,要"发展群众体育产业,促进全民健身与全民健康的深度融合",为我国在"健康中国"之路上的进一步科学发展提供了及时的、新的参考意见和建议。

2017 年,党和国家领导人在各重要会议和场合都提出,要更加关注民生、关注人民健康。2017 年 10 月 18 日,中国共产党第十九次全国代表大会在北京隆重召开的首日,总书记习近平代表第十八届中央委员会向大会作报告。在党的十九大报告中,习近平明确提出,当前,中国特色社会主义进入了新时代,在新时代要坚决贯彻和实施"健康中国战略","完善国民健康政策,为人民群众提供全方位全周期健康服务"。指出,过去五年"全民健身和竞技体育全面发展",未来要大力发展全民健身,"人民健康是民族昌盛和国家富强的重要标志"。

二、全民健身的特点

(一)全民性

全民健身的全民性特征非常容易理解,具体来说,全民性指全国人民参与的健身,不分男女老少、不分地区种族,全体中国人民都享有体育健身的权利。

(二)个体性

全民健身强调全体人民的共同参与,同时不忽略每一个社会个体的健康发展。全民健身应为每一个社会公民提供必要的健身法律、指导、设施基础等保障,鼓励每个人参与到全民健身中来,并通过全民健身真正促进自我发展。

全民健身,个体性是一个重要特点。具体来说,人与人之间身体条件、性别、年龄、锻炼基础都不一样,因此,在体育健身的过程中,要充分结合自身的情况和特点制定健身计划、选择健身项目、确定健身负荷。健身活动项目的选择、运动强度的大小、兴趣爱好应符合个体实际水平的需要。

(三)休闲娱乐性

当前社会已经进入休闲娱乐社会,全民健身注重健身,也应该贴近大众健身的休闲和娱乐需求。因此,全民健身活动的开展是坚持健身性与娱乐性相统一活动的开展。休闲娱乐性是全民健身的一个重要特点。

全民健身旨在促进人民群众的身心健康发展。现代社会,受社会因素影响,越来越多的人参与健身不仅局限于促进生理健康,也注重休闲、娱乐的健心与社交功能。在工作和生活之余,人们利用自身的闲暇时间来丰富自己的业余生活,在放松身心的时候,也同时能很好地实现提升自己多种职业和社会适应能力。大众参与体育健身大多是利用业余时间的运动,日常的生活、工作、学习已经很累了,业余休闲和娱乐性就显得十分重要。游戏化的运动、轻松的竞争,良好的人文环境等都十分必要。以足球运动健身为例,在大众体育健身领域中,人们不可能像正规的足球比赛那样,建立完整的球队,选一块专业的场地,严格按照足球运动比赛规则来进行对抗。健身实践中,运动者需要通过对足球的规则进行相应的改变,提高足球的参与性、娱乐性,这样的足球健身才更容易被接受。

如果体育健身没有娱乐性,内容和形式枯燥,就会失去吸引力,影响全民健身的持续开展。由此可见,全民健身的休闲娱乐性的重要性。从全民健身的长期有效发展来看,全民健身的这种休闲性、娱乐性,是大众持续参与社会体育的重要推动力。

(四)系统性

新时期,全民健身已经上升到国家战略的高度。全民健身是一项需要系统开展的民生工程。全民健身的开展关注增强人民体质的所有相关要素,如体质检测活动、体育文化宣传活动、运动中的社交活动,体育竞赛活动等,只有充分处理好全民健身的这些相关要素的关系,才能真正推动全民健身的顺利开展。

全民健身目标制订方面,大部分健身者还不能明确竞技体育和群众体育的区别。调查显示,在健身中追求"更快、更高、更强"的健身者占我国健身总人口的约40%,这充分表明了大众对竞技体育与体育健身理解的误区。此外,在全民健身的大势所趋下,仍然有很多人认为参与健身缺乏必要性。

要真正实现全民体质的提升,必须科学控制健身过程。对健身者个人而言,需要健身者不断提高自身体育素养,科学制订健身计划、科学控制健身运动负荷。锻炼计划是经过认真思考后所安排的具体的锻炼设计。有锻炼计划对锻炼效果是有重要影响的。

全民健身效果检测方面,全民健身效果如何,需要检测,否则健身就难免具有一定的盲目性。体质检测与大众健身活动息息相关。当前,我国体育舞蹈健身活动、健身指导和体质测量仍然处在脱节的状态。一些健身者的健身效果检测则多关注在运动技术、速度、柔韧、力量、耐力、灵敏等的评价,忽视对健康体能的检测与评价,忽视对健康指标的选取。这是用竞技体育"指标"评价大众体育,是不对的。

现阶段,全民健身的科学、持续推进,需要政府和健身者个人抓好群众性健身和个人体育锻炼的每一个工作环节,任何一个环节出现问题或者发展不足,都不可能实现真正的全民健身。

(五)科普性

科普性是全民健身的重要特点,也是推动全民健身持续发展的一个重要基础。

全民健身是一个系统的工程,要实现这一工程,必然要加强对全民体育素养的培养,提高全民健身意识,提高全民健身相关科学知识和技能。科学体育健身指导,在人民群众健身中发挥作用,很大程度上依赖于人民群众体育健身科技知识的传播。人民群众体育健身科技传播的最终目的是提高人民群众的体育科学素养,提高人民群众对体育科技的利用,从而获得传播效果。

目前,我国在全民健身的科学性、普及性方面还有很多工作需要做。当前,我国人民群众的体育健身科技传播效果良好,但还需要进一步加强。据调查显示,15.5%的受众认为报纸传播的锻炼理论知识很易理解,11.8%的受众认为报纸传播的锻炼手段方法很易理解。可见,大众体育科技传播的"科普化"还需要有一个过程。

在当前知识经济时代,要充分依靠网络媒体、网络平台大力宣传全民健身知识和技能,如此才能真正依托人民群众自身的积极参与、科学参与,来推动全民健身的持续有效开展和进行。

三、全民健身的内容

(一)大众健身

1. 个体体育健身

就我国健身现状来看,当前,我国民众参与体育健身,个人健身多倾向于有较强竞技性、娱乐性的项目。

2. 集体体育健身

据调查,集体健身活动参与是大众健身参与的主要形式。具有相同爱好的健身运动爱好者相互鼓励,如此能提高彼此健身的信心和健身持久性。在所有体育锻炼项目中,交谊舞健身项目有约33.3%的健身者会选择,由此可见,体育舞蹈在群众健身中有着较高的人气。

(二)商业健身

现阶段,我国全民健身具有良好的社会氛围,各种体育健身市场发展态势良好,商业健身服务业通过向客户提供优质健身产品、健身服务(技术指导、健身后恢复、健身计划制订、健身营养咨询等),满足客户健身需求,并实现自身盈利。

在市场经济条件下,体育健身离不开商业健身的发展。商业健身服务是大众体育的重要组成部分,其地位同公益性的大众健身事业是相辅相成的。就目前我国商业健身的整体发展现状来看,我国商业健身充分适合了上班族的健身需求,同时能对高消费层次人群的科学健身提供有效的、专业的指导和服务。商业健身作为体育产业发展的一个重要组成部分,已经成为体育产业发展的一个支柱性服务产业。

当前,我国商业健身发展具有以下特点:

(1)市场主体经营目标是增强客户(俱乐部会员)体质。

(2)市场主体消费者为拥有一定经济实力的健身人群。

(3)商业健身过程中,健身者可以得到及时的、个性化的、科学的健身指导服务。

(4)健身场地器材和健身环境比较优越。

(5)商业健身企业以营利为目的开展健身服务。

(6)健身者需要投入相对比较大的经济成本。

(7)健身者对场地、器材、服务、环境的要求明显提高。

在商业健身中,健身操舞是非常受欢迎的大众健身课程,体育舞蹈拥有规模较大的健身参与人群。

(三)健身性竞赛活动

在体育领域,竞技体育与体育健身有着密切的关系,二者相辅相成、相互促进、共同发展。

在发展全民健身的过程中,竞赛是促使全民健身活动更好发展的重要杠杆,事实也证明,通过组织竞赛促进我国大众体育发展已经成为一个重要的有效途径。目前,我国影响广泛的综合性的全民健身体育运动赛事主要有"全国体育大会""民族传统体育运动会"等,这些健身活动的竞赛举办极大地宣传了体育健身、活跃了社会健身氛围。

此外,竞技体育的发展也有利于促进民众的体育参与。近年来,我国竞技体育发展迅速,我国优秀运动员在国际竞赛中取得的优异成绩直接促进了国民的体育参与热情。以2008年奥运会的举办为例,和以往任何时候相比,我国体育人口在奥运会举办年以及之后几年的增长速度都是非常显著的。2022年我国将举办冬奥会,近两年,冰雪运动健身走入大众日常生活,"推动3亿人参与冰雪运动"成为我国借助冬奥运推行大众健身的重要发展目标。我国冰雪运动健身参与人数日益增多也充分说明了冬奥会对发展大众健身的促进。

四、全民健身日

(一)设立过程与意义

2009年,为了满足大众日益增长的体育健身需求,同时,也为了纪念北京奥运会的成功举办,1月7日,经国务院批准,自2009年起每年8月8日定为"全民健身日"。

2009年4月29日,全民健身日标志、主题口号在全国范围内征集,吸引了广大民众的热情参与(图3-1)。

2009年10月1日起施行的《全民健身条例》第十二条中的规定也肯定了每年8月8日定为"全民健身日"的重要意义与开展的重要性,强调在每年的8月8日。当天,应加强全民健身宣传,并组织各种丰富多彩的健身活动,鼓励大众参与到全民健身中来。

图3-1

(二)全民健身日活动

全面健身日活动丰富,几年来,政府各相关部门不断强化服务职能,提供更多的健身机会,提供体育公共服务,满足大众多元健身需求,使全民健身惠及每个人民群众。

设立法定群众健身节日,倡导文明健康生活,关注人民群众的健康生活,是新时期我国关注民生、满足人民群众健身需求的重要举措。

在每年的全民健身日,都会提出一个全民健身主题,以此广泛开展各种体育健身活动,呼吁大众积极参与体育健身活动(表3-1)。

表3-1 历年全民健身日活动主题(2015—2018年)

年份	健身活动主题
2015年	"全民健身促健康 同心共筑中国梦"
2016年	"全民健身促健康,同心共筑中国梦"我就是冠军"
2017年	"健身每一天,喜迎十九大"
2018年	"新时代全民健身动起来"

第二节 体育舞蹈的全民参与现状

一、体育舞蹈整体参与现状

(一)人群特点

就我国体育舞蹈参与人群调查分析来看,在体育舞蹈的健身人群中,从性别来看,体育舞蹈健身的女性较多,男性较少;就年龄特点来看,体育舞蹈健身的人群中,少年儿童、中老年人参与较多,青年人参与较少,呈现出两头大中间少的哑铃型人群分布特点。

体育舞蹈的性别特点的呈现,与我国大多数人认为体育舞蹈是女性的运动健身项目,男子不适合舞蹈学练的错误健身认知有关。

体育舞蹈的年龄特点的呈现,与我国当前社会中青年人工作忙、健身时间有限有着密切的关系。还有很多年轻人认为,体育舞蹈就是广场舞,是老年人的健身活动,不屑参与;或者认为体育舞蹈专业性太强,学练困难。这些都是关于体育舞蹈健身的错误认识。

上述情况充分说明,当前,我国对体育舞蹈健身的科学宣传还需要进一步加强。

(二)健身路径

在城市多元健身路径中,公园和广场是最多的健身路径,通过这些健身路径,我国全民健身持续开展。

就我国体育舞蹈健身发展现状来看,我国广大人民群众的体育舞蹈健身主要路径就是公园与广场空地,在健身俱乐部和体育场馆的专业场地中开展体育舞蹈健身的人群比例非常少。

二、体育舞蹈参与人群情况细分

(一)少儿体育舞蹈健身

青少年儿童参与体育舞蹈健身,主要是在父母的安排下进行的,通常健身学练的场地、技术指导都比较专业,希望通过体育舞蹈学练促进生长发育和培养良好个人气质。

年龄方面,少年儿童的接触体育舞蹈的年龄普遍为小学生,年龄分布方面,9—12岁人群较多(表3-2)。[1]

表3-2　少儿体育舞蹈健身学练年龄分布

人数	6岁以下	6—9岁	9—12岁	12岁以上
百分比(%)	13.3	20	45	21.7

[1] 王芹. 聊城健身俱乐部少儿体育舞蹈开展现状的研究等[D]. 辽宁师范大学硕士论文,2017.

性别方面,少儿体育舞蹈学练,女生多于男生,各俱乐部的数据调查分析来看,男女比例基本在 1∶2～1∶4 之间。

调查分析,当前,我国少儿体育舞蹈健身学练的舞种方面,主要内容为摩登舞和拉丁舞,共十个小舞种(表 3-3),在舞蹈内容学练方面,以身体动作的舞蹈变化为主,学练方式主要是成套舞蹈动作学练。

表 3-3　部分少儿健身俱乐部体育舞蹈舞种开设情况

舞种	Σ
拉丁舞(伦巴、恰恰、桑巴)	1(3)
拉丁舞(伦巴、恰恰、牛仔)	1(3)
拉丁舞、摩登舞(伦巴、牛仔、华尔兹、探戈)	2(4)
拉丁舞(伦巴、恰恰)	1(2)
拉丁舞、摩登舞(伦巴、恰恰、华尔兹)	2(3)
拉丁舞(伦巴、恰恰、牛仔、桑巴)	1(4)

健身设施方面,目前,青少年儿童的体育舞蹈健身主要依托各个体育舞蹈健身俱乐部开展,体育舞蹈的场地设施、音响设备以及各种辅助设施比较健全。

(二)中老年人体育舞蹈健身

中老年人健身时间充裕,是体育舞蹈健身的主要参与人群,是我国体育舞蹈健身的主要力量。当前,我国中老年人群的体育舞蹈健身呈现出以下特点:

1. 体育舞蹈健身认知

中老年人作为我国大众体育舞蹈健身的主要人群,说明了中老年人能充分意识到体育舞蹈健身的多元价值与功能。但实际调查数据分析来看,应该充分认清的一个事实是:体育舞蹈在中老年人群众很受欢迎,但是真正了解体育舞蹈健身内容、特点并能科学选择适合自身舞种学练的中老年人非常少(图3-2)。这说明,我国体育舞蹈健身的宣传还不够广泛、还不够深入。[①]

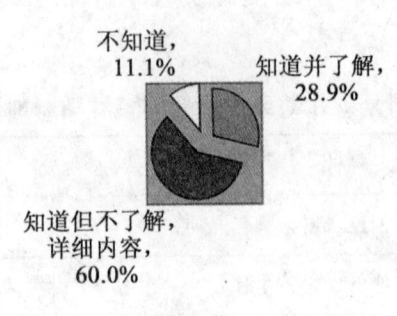

不知道,11.1%
知道并了解,28.9%
知道但不了解,详细内容,60.0%

图 3-2

2. 体育舞蹈健身参与形式

体育舞蹈参与需要两两为伴,一同学练、坚持,基于这一运动健身特点,中老年人群的体育舞蹈健身参与形式表现出以下特点。

中老年人参加体育舞蹈健身活动的形式主要以和朋友、家人一起为主。经过朋友介绍、家人鼓励而参与体育舞蹈健身学练的中老年人占到调查总数的60%以上(图3-3)。深入分析发现,这是因为体育舞蹈需要男女舞伴搭配,一些老年人因为羞于与异性肢体接触而对体育舞蹈敬而远之,但朋友与家人的态度对中老年人参与体育舞蹈健身具有决定性的影响作用。从中老年人在体育舞蹈的舞伴选择上,也能充分显示出该特点,即选择舞伴以异性为主,首选自己熟悉的人(表3-4)。

[①] 于会. 我国部分城市中老年体育舞蹈开展现状及对策研究[D]. 武汉体育学院硕士论文,2007.

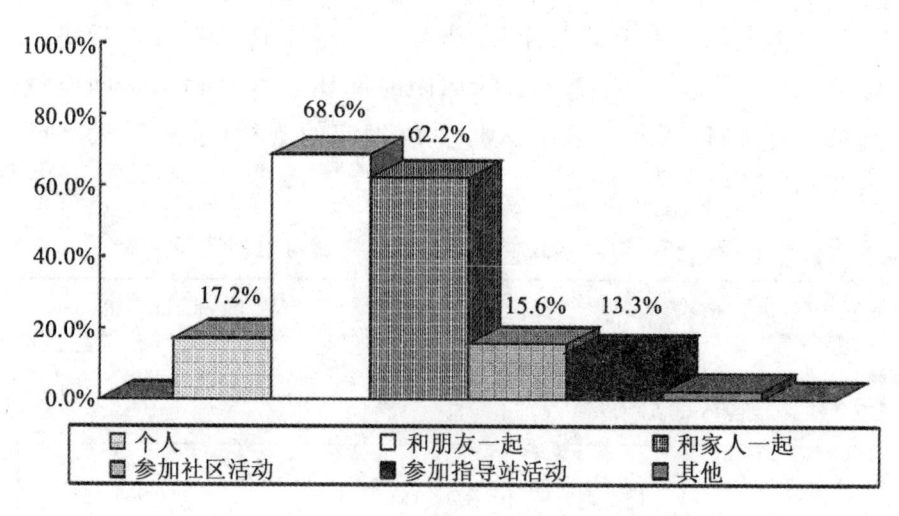

第三章 体育舞蹈全民参与的可持续发展

图 3-3

表 3-4 中老年人体育舞蹈的舞伴选择标准

标准	频数	百分比(%)
异性	548	88.7
同性	70	11.3
朋友或家人	460	74.5
不熟悉的人	158	25.5
年龄相当	354	57.3
年轻一些	264	42.7
水平较高	138	22.3
水平相当	370	59.8
水平较差	110	17.9
其他	0	0

3. 体育舞蹈健身时间

调查显示，中老年人参与体育舞蹈健身，具有长久性和稳定性的特点，一旦选择了体育舞蹈健身，如无特殊原因，大都能长期坚持。有60%的中老年人一周内参加体育舞蹈健身频率为3～4次，26.7%的人每周可健身5次以上。

在体育舞蹈日常健身中,中老年人一般多选择在晚饭后进行健身,这主要是因为,晚饭后的休闲时间比较长,而且,晚间空气污染少,此时间段运动符合人体生理代谢的规律(表 3-5、表 3-6、表 3-7)。

表 3-5 中老年人群体育舞蹈日常健身时间选择

时段	频数	百分比(%)
早晨 (6 点—8 点)	385	62.2
上午 (8 点—11 点)	151	24.4
中午 (11 点—14 点)	27	4.4
下午 (14 点—18 点)	96	15.6
晚饭后 (19 点—21 点)	288	46.7
节假日	206	33.3
其他	0	0

表 3-6 中老年人群体育舞蹈健身时长

时长	频数	百分比(%)
<30 分钟	69	11.1
30~60 分钟	110	17.8
60~90 分钟	35	57.8
>90 分钟	82	13.3

表 3-7 中老年人群体育舞蹈周健身频率

周频率	频数	百分比(%)
1~2次	82	13.3
3~4次	371	60.0
5次以上	165	26.7

第三节 体育舞蹈在全民健身中的地位与作用

体育舞蹈作为全民健身重要项目之一，对运动参与者的健美、健心、健身、社会性发展方面均具有重要意义，在全民健身中具有重要地位和作用。

一、增强国民体质

现代人备受亚健康的困扰，处在亚健康状态的人会有各种不适，多表现为疲乏、嗜睡、无精打采、注意力不集中以及健忘等状况，这会严重影响个体的日常生活、学习、工作。

体育舞蹈有良好的健身作用和增强体质的运动效果和价值，长期参与可有效提高运动者的身体素质。就整个社会来看，有助于增强国民体质。

二、完善社会大众心理

科学和长期参与体育舞蹈，可缓解运动参与者的各种身心不适，并促进运动参与者形成健康的个人和社会心理。

(1)体育舞蹈健身参与能有效缓解亚健康。

(2)体育舞蹈健身参与可有效缓解各种身心压力。

（3）体育舞蹈健身参与增强沟通与交流的能力，有助于运动者融入集体。

（4）体育舞蹈健身参与能丰富运动者的情感体验，满足人们的心理需要。

三、丰富全民健身内容、活跃全民健身氛围

体育舞蹈内容丰富，包含十余种舞种，为全民健身提供了丰富多彩的活动形式，适合在全民健身运动中推行，也使得其在使得其在全民健身中的地位非常的重要。

体育舞蹈舞种的多样性，为人民群众开展体育健身活动提供了更多的选择自由。体育舞蹈健身者可以结合自身和客观实际情况灵活选择舞种，这有助于提高大众体育舞蹈的健身热情，也活跃大众健身的社会气氛。[①]

经常参加体育舞蹈，能促使身体健康，科学健身和长期参与可达到健美、健身、健心的最佳效果。应在不断宣传、广泛开展的基础上，进一步推广普及体育舞蹈，让更多的人参加到体育舞蹈健身中来，不断提高我国体育舞蹈发展水平，为国家全民健身做出更大的贡献。[②]

四、促进我国与世界健身文化的国际交流

在全球化过程中，跨越国家和地区的经济交流与渗透对人们产生了深远的影响，人们的思想认识、价值观念等方面产生了一定的变革。体育运动及其文化得以广泛传播，为国家间文化的交流、融合作出重要榜样。

体育舞蹈是一种外来体育文化，进入我国之后融入了中国的舞蹈和音乐元素，实现了东西方体育文化的交融。我国体育舞蹈

---

① 张红霞. 体育舞蹈在全民健身中的地位和作用[J]. 体育世界(学术版),2012(8).
② 李树伟. 体育舞蹈在大众健身运动中的地位[J]. 牡丹江大学学报,2008(5).

健身的不断丰富与发展,有利于我国的体育舞蹈文化的进一步向外输出,通过体育舞蹈关注大众健身,增加世界间的健身、健康交流与合作,对我国和世界健身、健康发展具有重要意义。

第四节 体育舞蹈健身俱乐部的可持续发展

一、体育舞蹈健身俱乐部发展现状

体育舞蹈健身俱乐部是指从事体育舞蹈健身活动的社会组织。在我国,体育舞蹈健身俱乐部处于刚刚起步阶段,仍然存在营销活动策略过于简单,教学质量低,没有统一教程等问题。尽管有很多问题存在,但不得不承认,我国体育舞蹈健身俱乐部在体育健身市场中正在崛起。

现阶段,全民健身深入人心,原有的大众健身一直由政府部门包办的局面将逐步被突破。在市场经济条件下,各种体育协会、俱乐部、辅导站等将会承担起大众健身的大量组织工作,大众健身的市场将被培育起来。

在体育舞蹈健身市场,体育舞蹈成为各健身俱乐部的重点健身课程。随着大众体育消费的不断发展,将有更多的人参与到体育舞蹈俱乐部的健身中去体验和逐步适应体育娱乐消费,进行体质与健康投资。现阶段,我国体育舞蹈健身正在出现一个崭新的局面,体育舞蹈健身的社会化程度大大提高,体育舞蹈健身市场正在快速发展。

二、体育舞蹈健身俱乐部的优化发展

(一)因人而异科学制订健身计划

体育舞蹈健身俱乐部应充分了解每一个体育舞蹈健身参与

者的运动需求,科学制订健身计划,鼓励俱乐部会员积极参与体育舞蹈健身活动。

在针对不同的俱乐部健身成员的体育舞蹈健身计划制订方面,详尽、具体是科学制订健身计划的基本要求。对实施计划的每一个步骤、每一个过程,需要哪些资源、资源数量等等细节都应该详细列出,以便于为每个体育舞蹈健身者提供切实可行的体育健身行动依据,事半功倍地实现体育舞蹈健身效果。

(二)加强俱乐部教练员培训与引进

当前,应重视对俱乐部教练员的专业技术培训,可以考虑适当引进高素质的体育舞蹈教师、教练,充分利用这些人的专业知识和素养来壮大俱乐部教练队伍,提高俱乐部健身技术指导服务。

(三)完善俱乐部体育舞蹈健身设施

要做好体育舞蹈健身俱乐部的发展规划,有计划地建设体育舞蹈健身设施及其配套设施,为俱乐部成员参与体育舞蹈健身提供一个良好的场地、设施环境,优化俱乐部成员的体育舞蹈健身体验。

第五节 体育舞蹈健身社会组织的可持续发展

一、体育舞蹈健身组织程序与内容

(一)成立组织委员会

现代体育舞蹈健身活动开展前,应成立筹备组(或筹备委员会),为对组织方案进行讨论并制订,对工作机构进行设置。

(二)确定组织方案

体育舞蹈健身活动的开展以组织方案为主要依据,主要包括以下内容。

1. 活动的名称和宗旨

对活动名称与宗旨的确定要在遵循一定依据的基础上进行,这里需要遵循的依据主要包括三方面,即体育健身活动的方针、体育健身的任务和本次体育健身活动的性质及要求。

2. 活动的主办和承办单位

如果体育舞蹈健身活动或竞赛属于大中型综合性的活动,主办单位一定要明确地写在组织方案中,承办单位也要详细说明。

3. 活动的内容与规模

以体育舞蹈健身活动的宗旨为根据对活动的内容和每项内容的设项加以确定,明确参加人数与面向对象。

最后,确定体育舞蹈健身活动的时间和地点。

(三)做好经费预算

经费预算主要包括如下内容:主会场的会场布置、宣传费用、车辆使用、招待费、印刷费、文具费、工作人员的补贴费等各项费用。

(四)确定活动日程与内容

要以体育舞蹈健身活动的日期为根据对整个活动的日程总表进行制订,分项组委会再以日程总表为依据对各分项活动日程表加以制订,保障有序实施整个活动的组织工作。

(五)做好活动总结工作

收集与整理活动资料的工作要做好,建立活动档案,以便为以后更好地组织与开展体育舞蹈健身活动提供活动组织与管理参考。

二、体育舞蹈健身活动科学组织与发展对策

(一)政府相关体育部门转变职能

大众体育健身活动不能仅靠政府部门来管理,体育舞蹈健身活动组织也不例外。

在大众体育舞蹈健身组织过程中,政府部门不能大包大揽,这样不仅无法推动我国群众体育事业的发展,而且在一定程度上成为群众体育事业发展的绊脚石。为了改变这种现状,体育政府部门必须转变职能,由直接管理变为间接管理,将更多具体的体育事务交给体育社会组织去做。

(二)政府加大群众健身保障力度

开展全民健身是政府关注民生、以民为本、建设健康中国的具体工作要求。在引领大众体育舞蹈健身发展上,政府是一个重要的方向主体。

当前,政府应加强宣传教育引导,为大众体育舞蹈健身参与提供良好的物质基础、创造良好的社会健身氛围。

(三)加强大众媒体体育舞蹈健身宣传

大众传媒是一种影响广泛的媒体,通过大众媒体宣传,更新大众健身思想,是促进大众体育舞蹈健身意识的一个有效行为。

此外,在互联网时代,还应加大大众体育舞蹈健身的互联网宣传,同时,也注意对互联网大众体育舞蹈健身宣传的规范。

(四)调动社会兴办体育舞蹈健身活动

新时期,市场经济条件下,大力组织开展各种健身活动,需要

调动社会各方面的积极性。社会各界对体育事业的关注,对拓宽资金投入渠道、活跃体育活动起了积极作用,符合市场经济的要求和国际惯例。

现阶段,发展群众性体育舞蹈健身活动,应调动社会各界的积极性,鼓励他们举办各种形式的有利于群众身心健康的大众体育舞蹈健身活动,鼓励社会力量对大众体育舞蹈健身性质的体育舞蹈赛事、公益性大众体育舞蹈机构和公共体育设施建设的支持,形成一种社会化的群众积极参与机制。

调动社会兴办体育舞蹈健身活动,要积极发挥体育社会组织的作用。体育社会组织是开展全民健身活动的基层组织,对有效开展形式多样的全民健身活动具有其特殊的作用。

调动社会兴办体育舞蹈健身活动,还要重视继续推动体育社团发展和改革。体育社团不仅具有开展体育工作、组织体育活动,满足人们体育参与的价值,而且它具有人们参与社会、传达社会规范的重要价值。

(五)提高社会体育舞蹈健身指导员素养

社会体育舞蹈健身指导员是为了满足社会体育的发展需要而需要的一种体育人才。

现阶段,促进体育舞蹈健身活动的持续开展,应不断完善社会体育舞蹈健身指导员的等级考试制度,同时,加强对现有的社会体育舞蹈健身指导员的培训,提升指导员队伍的素质,使其能够积极有效地指导人民群众的健身实践,使我国的体育舞蹈健身活动组织能站得更高,望得更远。

(六)大力发展基层体育健身俱乐部

研究表明,参与俱乐部活动,是长期从事体育运动的一项重要保证。俱乐部是社会民主、结社自由与现代体育相结合的产物,尤其是以人为基础的服务性组织形式,是现代体育对人类文明的一大贡献。

当前,在我国体育舞蹈健身市场中,以体育舞蹈健身俱乐部的健身活动参与为健身形式的人群越来越多,俱乐部在基层群众体育舞蹈健身的宣传、指导等方面发挥着重要作用,因此应鼓励大众体育健身俱乐部的发展。

同时,在大力发展基层体育健身俱乐部过程中,应重视大众体育健身俱乐部的市场规范。

(七)培育和扶持基层群众锻炼团队

近年来,我国社区体育活动蓬勃开展,以不同兴趣、爱好组织起来的"锻炼小群体"和以不同人群组织起来的"项目小群体"展现出旺盛的生命力,已成为全民健身活动的有效组织形式,也是我国群众性体育舞蹈健身的重要组织形式。

基层群众锻炼团队是体育舞蹈健身活动社会自组织的最基本力量和基础平台,政府应在技术层面予以指导,在政策层面予以优待,坚持监督管理与培育扶持并重方针,引导其健康、良性发展。

(八)完善大众健身基础设施建设

政府、企业和相关部门在体育舞蹈健身场地设施的建设中发挥着重要的作用,要积极地投入一定的人力、物力和财力来促进体育舞蹈健身路径(包括专业性的健身场地、场馆)的建设,促进体育健身舞蹈形体训练、体能训练等的运动器械的增加,促进体育舞蹈健身活动开展的物质条件的改善。

第四章 大众体育舞蹈健身的科学理论指导

体育舞蹈是一项专业性和技巧性较强的体育运动。参与体育舞蹈健身应熟悉体育舞蹈的各种舞蹈动作与音乐的特点及二者的协调配合,如此才能有针对性地选择适合自己的体育舞蹈舞种类型,并能对既有的体育舞蹈内容进行科学合理创编,以使体育舞蹈健身内容更加适合自身特点,更好地实现体育舞蹈健身效果。对于不同的体育舞蹈健身者来说,参与体育舞蹈健身并非只是单纯的体育舞蹈动作和套路的模仿练习,应该在科学选择和创编适合自身特点的体育舞蹈健身内容的基础上,注重体育舞蹈健身期间的科学饮食营养与卫生,关注体育舞蹈健身过程中的运动安全,以促使体育舞蹈健身过程更加顺利地开展,真正通过参与体育舞蹈健身来促进身心健康发展。

第一节 大众健身性体育舞蹈的创编

体育舞蹈的创编是一项创造性的工作,需要创编者具有较高的体育舞蹈理论知识素养。在这里需要特别指出的是,有很多大众体育舞蹈健身者认为,仅参与体育舞蹈健身只要参照现有的体育舞蹈舞步动作、动作组合以及成套体育舞蹈作品的动作进行学练即可,不需要学习体育舞蹈创编知识,这显然是一种错误的认知。体育舞蹈的创编知识涉及体育舞蹈的动作、音乐、时间、空间等多方面知识,掌握这些知识对于健身者更好地认识和理解体育舞蹈的运动规律和把握体育舞蹈的舞蹈风格具有重要的指导意义。同时,大众健身者自身体育舞蹈创编能力的提高还有助于健身者结合自身特点创编最佳体育舞蹈动作进行健身学练,这将促进健身者体育舞蹈健身的事半功倍和科学高效。

基于大众健身需求,这里重点从以下几方面介绍大众健身体育舞蹈的创编知识。

一、大众健身体育舞蹈创编依据

(一)健身目的

大众体育健身人口众多,在参与体育舞蹈健身的体育人口中,不同的人的体育舞蹈健身目的不同,有些人是为了强身健体、有些人是为了减脂塑形、有些人是为了拓展交际、有些人是为了娱乐休闲,针对不同的健身目的的人,其所适应的体育舞蹈健身内容是不同的,如在体育舞蹈的技术动作难度的学练程度上的不同,相关体育舞蹈技术动作的技巧程度生的不同等。对此,要在体育舞蹈创编中仔细斟酌。

以对体育舞蹈的技术动作掌握程度为例,对不同目的的健身者的体育舞蹈创编安排应分别考虑以下内容。

(1)以发展表现能力为目的:体育舞蹈创编应以表现性动作为主。

(2)以熟练掌握和协调运用多种不同类型和风格的动作为目的,体育舞蹈创编应将多种类型、风格的动作组合到一起进行创编。

(3)以巩固和提高某类舞步的动作技术为目的,体育舞蹈创编应以单一舞种的单一舞步为主进行创编。

(二)健身者特征

体育舞蹈创编,应考虑到体育舞蹈者的性别、年龄、身材、技术水平、素质条件、性格特点等因素,创编适合运动对象的体育舞蹈内容。

1. 根据性别创编

男女性别不同,生理结构不同,结合男女不同舞者可创编不同风格的体育舞蹈。

针对男性舞者的体育舞蹈创编,应考虑男性舞者的生理特点,男性力量素质、速度素质发展较为出众,因此可以在体育舞蹈创编过程中考虑加入更多的运动强度大、动作幅度大、节奏快速、表现力量和速度的舞蹈动作。

针对女性舞者的体育舞蹈创编,应充分考虑女性生理特点。和男性相比,女性耐力素质、身体协调性、柔韧性更好,再加上女性具有柔美的身体形态美的特点,因此,在体育舞蹈创编中可多加入一些舒展性、柔美大方、展现女性形体美的动作,以更好地展示女性的曲线美。

2. 根据年龄创编

不同年龄的人群其生理、心理特点不同,因此,在体育舞蹈内容、特点、风格的选择上也会有不同的侧重,体育舞蹈创编应结合不同练习者的生理、心理、喜好和运动发展目标创编,以促进这部分年龄阶段的人更好的身心发展。

(1)少年儿童

针对少年儿童群体的体育舞蹈的创编,应重点考虑舞蹈中突出以下几点。

运动负荷:控制得当,避免超负荷。

动作特点:简单、容易模仿,活泼、欢快、热情、有趣味性的舞蹈动作,满足少年儿童活泼好动的心理,同时又能让少年儿童在快乐的舞蹈动作模仿中锻炼到身体。注意动作应涉及到少年儿童各个部位的锻炼。

音乐风格:节奏欢快、趣味性强的儿歌。

(2)青年人

青年人年富力强,处于人的一生的黄金时期,阳光向上、精力和体力都很充沛,因此针对青年人的体育舞蹈编排应注意以下几点:

运动负荷:稍大,锻炼充分。

动作特点:幅度大、力度强、速度快。

音乐分割:节奏富有变化,表现出青年人群体的朝气蓬勃、积极向上、张扬个性的音乐。

(3)中老年人

针对中老年人,在体育舞蹈的创编过程中应注意充分考虑到动作和音乐选择的稳重。具体如下:

动作特点:简单、舒展、安全。可多设计一些防治颈椎病、肩周炎、腰腿疼痛的动作。

音乐风格:舒缓、轻快、放松,确保中老年人在舒缓放松的氛围中安全健身。

3. 根据身体状况创编

体育舞蹈健身参与,应与运动者的身体状况相符,以运动强度为例,运动强度不大,不能使运动者得到有效锻炼;运动强度过大,会加重运动者生理负荷,很可能导致运动者在体育舞蹈健身过程中过度疲劳或导致运动性伤病的发生。由此可见结合运动者的身体状况来创编和选择体育舞蹈的重要性。

体育舞蹈的创编必须依据练习者身体状况来切实考虑体育舞蹈各项创编因素。进行体育舞蹈创编应考虑以下几点。

(1)了解体育舞蹈的健身性,通过体育舞蹈元素的编排,切实实现健身价值,促进运动者的身体素质发展。

(2)以安全为前提,在健康安全保健的基础上,充分发挥体育舞蹈对舞者的健身价值,确保动作编排的健身实效性。

(三)健身强度与全面性

大众参与体育舞蹈教师,要充分考虑体育舞蹈学练内容的运动强度是否能切实增进身体机能、素质的发展,同时,考虑对身体各项机能、各身体素质发展促进的全面性。

因此,选择和创编体育舞蹈,运动者自身要充分考虑体育舞蹈各动作练习过程中的身体力度和方向,舞蹈动作的编排不仅能有效避免舞者在训练中发生运动损伤,还要有助于提高体育舞蹈的艺术表现力。为了使舞者身体各部位均衡发展,在创编动作时应注意身体各部位力度和方向的对称性,以及上下肢、左右的对称。

(四)健身的环境与条件

就我国全民健身发展现状来看,我国大众健身主要是在健身俱乐部、社会大众健身路径(公园、广场、宽阔场地、大众健身场馆)开展。但就我国整体经济发展来看,我国经济发展存在区域性差异,地区经济发展不平衡、城乡经济差距大。不同地区的大众健身体育基础设施水平不同,这在一定程度上影响体育舞蹈的健身活动开展。

体育舞蹈在室内外均可进行。体育舞蹈创编的客观环境条件主要包括体育舞蹈练习场地、设施等,客观环境和条件是体育舞蹈学练的重要基础,如果缺少这些必要的体育舞蹈学练环境和条件则不能顺利开展体育舞蹈健身活动。具体来说,体育舞蹈的良好环境与条件因素的获得应注意以下几点:

(1)场地设施条件,体育舞蹈要保持足够的舞蹈场地,确保舞蹈活动的开展。

(2)场地、设施条件应符合体育舞蹈对场地、设施的具体要求,如地板太滑、音响效果不好都不行。

(3)结合实际,灵活调整场地与设施条件,如场地不够大,可分组进行练习。

(五)体育舞蹈客观因素

1. 体育舞蹈的规律特点

体育舞蹈健身学练,应遵循体育舞蹈的客观运动规律。具体要求如下：

(1)动作欲进先退，欲扬先抑，欲左先右。

(2)动作情绪表现规律，平缓舞步表示安定幽静的情绪，快速跳跃舞步表示激动欢快的心情。

(3)动作与音乐风格节奏相符。

2. 体育舞蹈动作连接的科学性

参与体育舞蹈健身，应充分考虑体育舞蹈各学练动作之间的有效衔接，使得整个体育舞蹈健身过程连续进行，避免单个动作的单一重复和不同动作的孤立锻炼，这会打击运动者的健身积极性，也会导致运动者需要不断调整身心状态，会在无形中浪费许多健身时间。

体育舞蹈套路的创编，应合理安排体育舞蹈动作的连接，使各个动作科学、合理、有机结合在一起。要求如下：

(1)动作与动作之间的衔接应自然、流畅、和谐，上一个动作的结束就是下一个动作的开始。

(2)体育舞蹈整套动作的练习应具有顺畅性、完整性。切忌动作不连贯，使舞者在练习中感到别扭。

(3)动作与音乐协调。

3. 体育舞蹈的美学规则

形式美是体育美学的重要规则之一，在创编体育舞蹈的成套动作时必须遵循形式美这一美学规律。根据形式美法则来进行体育舞蹈成套动作的创编，能充分体现出体育舞蹈的艺术特征。

以个人与团体学练为例，体育舞蹈动作创编要求如下：

(1)个人成套体育舞蹈动作的创编。成套体育舞蹈的创编，应考虑到整套体育舞蹈动作各部分的体育舞蹈动作的难易程度、运动强度、运动幅度、运动节奏、运动对称等的协调，尽量做到有静有动，有快有慢，全身上下都得到锻炼。另外，为了突显不同体育舞蹈动作的特色，应注意动作、音乐的和谐一致。

(2)团体成套体育舞蹈动作的创编。多人参与的体育舞蹈的创编,应该充分考虑到队员之间动作的协调性、相互配合、节奏统一、有层次等。

4.体育舞蹈的发展趋势

对于竞技体育舞蹈的创编来说,应适应国际体育舞蹈的发展趋势,符合竞技体育发展时代特点。

大众体育舞蹈创编并非一定要力求独创性、艺术性、竞技性,但是也应符合体育舞蹈的整体发展趋势,并体现时代特点,如将体育舞蹈的动作创编与当下流行广泛的音乐曲目相结合,更有利于吸引运动者参与体育舞蹈健身锻炼,也有利于调动体育舞蹈健身锻炼的积极性与主动性。

二、体育舞蹈创编的要素

(一)动作要素

动作是体育舞蹈的重要构成要素,如果缺少动作,则体育舞蹈就不复存在了。体育舞蹈的科学的动作安排,可有效促进舞者的身体锻炼,风格和特点突出的舞蹈动作还能契合舞者心理,舞蹈动作安排合理可有效促进舞者身心健康全面发展。

体育舞蹈的动作要素创编,应充分考虑以下几方面内容:

(1)动作形式:体育舞蹈动作内容丰富、形式多样,不同舞蹈动作的外在表现不同,对体育舞蹈动作的编排,应重视不同动作形式间的转换,通过动作形式变化突出所创编的体育舞蹈的风格特点、负荷特点。

(2)动作节奏:体育舞蹈的动作节奏与体育舞蹈风格、健身作用、运动难度等联系紧密,创编时应合理调节。

(3)动作的起止路线:明确每个动作的起止路线,以便于体育舞蹈学练者科学完成每一个体育舞蹈动作和体育舞蹈动作组合。

(4)动作力度:通过对体育舞蹈的动作力度的控制,来实现体育舞蹈健身者对相应的健身运动量、强度的需求。

(二)节奏要素

节奏是体育舞蹈的重要内容之一,既包括动作的节奏、也包括音乐的节奏。后者则是体育舞蹈的灵魂。

体育舞蹈创编,对节奏的选择与控制也十分重要,体育舞蹈节奏对体育舞蹈健身者的学练强度、学练积极性调动、学练表现都有重要影响。

体育舞蹈的节奏要素创编,应注重以下几点:

(1)选择健身者熟悉的音乐,

(2)每种体育舞蹈的基本节奏都是不变的,结合体育舞蹈舞种确定音乐。

(3)动作与音乐节奏必须一致。

(三)风格要素

1. 舞蹈风格

舞蹈风格是体育舞蹈创编的重要要素,体育舞蹈共有十个舞种,每个舞种的风格都各不相同,体育舞蹈创编,应注意通过音乐、动作选配,突显各舞种风格。

2. 个人风格

大众健身者存在个体差异,不同健身者的性格特点、气质、兴趣爱好不同,所喜爱的体育舞蹈风格也不同,体育舞蹈创编,应突出个人的风格,以激发健身者的健身热情。

(四)空间要素

体育舞蹈是在一定的空间内完成的体育活动,空间要素是体育舞蹈的重要基础构成要素,一个狭小难以舒展动作的空间是不可能形成一套科学完整的体育舞蹈的,动作方向、路线、移动、变化都需要空间。

1. 方向路线

方向路线是舞者完成体育舞蹈的重要空间表现,体育舞蹈是移动中的舞蹈,是按照舞程线不断行进表现的,舞蹈方向路线是舞者学练体育舞蹈必须明确的,也是体育舞蹈创编中应重点考虑的舞蹈创编元素。

2. 移动

体育舞蹈参与过程中,运动者并非在一个点或面上保持不动,原地健身,相反,体育舞蹈健身是通过运动者在舞蹈场地上与同伴之间流畅地协调做动作、舞步移动来实现的。舞步移动是体育舞蹈健身的一个重要过程。

场地中的舞步移动,能使体育舞蹈内容更丰富,更具有流动性,体育舞蹈健身过程中,动作的空间特征决定着练习者演练动作时路线方向的确定、体育舞蹈运动路线和空间层次的选择和应用、体育舞蹈队形的变化等。

(五)时间要素

时间要素是体育舞蹈的重要构成要素。时间对体育舞蹈的其他要素的干预表现在动作时间、音乐时间两个方面。

首先,时间要素在体育舞蹈操运动当中能够将动作的速度量化,从而使动作表现出不同的力度。

其次,时间要素在体育舞蹈操运动中能表现音乐的时间长短、节奏、速度等,并间接影响体育舞蹈操音乐的韵律、风格、特点。

竞技体育舞蹈比赛中,对成套体育舞蹈表演时间有严格规定,创编比赛套路时,应根据比赛时间的要求(一般为 1.5 分钟),

编一个长短适中的套路或反复循环以在规定时间内演练完成。

大众健身体育舞蹈的创编，对成套体育舞蹈的完成时间并没有特殊要求，可以灵活确定。但是，成套体育舞蹈健身的时间也不能过长或者过短，应以运动者完成成套健身体育舞蹈刚好感到稍微疲劳为宜。

三、体育舞蹈动作的创编

（一）基本健身动作组合创编

体育舞蹈中基本类型动作的组合（指定步法）是体育舞蹈健身的基础，这部分内容的动作选择应多为基础性体育舞蹈舞步动作。

对于刚接触体育舞蹈健身的初学者来说，可指定相应的几种步法为创编的主要内容，根据动作的上接、下续和个人具体情况合理地选择动作，采用多变的组合，均衡地分布重点的动作，使健身者逐步掌握体育舞蹈基础性舞步动作，为之后的系统的体育舞蹈技术动作学练奠定基础。

（二）健身巩固动作组合创编

经过一段时间的练习后，体育舞蹈健身者一般能熟悉掌握体育舞蹈各舞步基础动作，并能完成几个舞步动作的连接，为进一步巩固技术、提高健身强度，可在基本类型动作的基础上增加动作难度和多样性，具体来说，可以在指定步法的基础上，创新变形，通过巧妙的连接动作，组合出一套更生动的动作，使体育舞蹈动作在节奏、速度、强度上都有所提高。

（三）体育舞蹈成套动作创编

体育舞蹈成套动作的创编应重点考虑以下两点：

1. 难度动作

(1)根据运动者的个人体能、技术实力确定动作难度级别和数量,并在整套动作中均衡分布。

(2)大众健身性体育舞蹈应突出健身性,而非竞技性,创编体育舞蹈的成套动作时,应避免选编难度较大或难度不足的动作。

(3)避免组合动作的杂乱无章。

(4)避免成套动作的不完整或有断节。

(5)合理安排难度数量。

2. 场地方向

体育舞蹈创编成套动作时要注意全部场地和方向、面的使用。例如拉丁舞桑巴、斗牛和摩登舞在长线上可做一些行进性、流动性的动作,在短线上和4个角上可做一些花步,慢节奏的、静止性的动作。

四、体育舞蹈音乐的选配

(一)根据动作选择音乐

构思设计完成体育舞蹈的动作之后,可以根据动作风格,选择与其相适应的音乐,在选配音乐过程中,要求音乐能够渲染、烘托和表达体育舞蹈动作的情绪和意境。

体育舞蹈音乐的风格,可以结合各个舞种进行选择确定。

体育舞蹈音乐的速度一般为,慢速为16~18拍/10秒,中速为20~22拍/10秒。

在结合体育舞蹈动作选配音乐时,可反复试听搜集好的乐曲,分析音乐结构、情绪,判断音乐否与成套体育舞蹈的动作的幅度、活动范围、动作性质相一致,反复斟酌,最后确定音乐。

(二)根据音乐选择动作

在体育舞蹈创编之前,可结合自己在日常生活中听到的特别喜欢的音乐,或者有感触的音乐,依次为原型和基础,结合音乐特点、结构,选择相应的体育舞蹈动作与之匹配。如手头无音乐可选,可询问健身者的意见和建议,如此所确定的体育舞蹈音乐更有针对性。

体育舞蹈创编过程中,创编者要反复分析音乐类型、特点、节奏、风格等,对该音乐已经了如指掌后,根据音乐编排动作,先重点考虑那些风格明显的代表性动作,再结合整个音乐的风格完善整套体育舞蹈动作。

(三)音乐的剪接、记录与编辑

1. 音乐的剪接

(1)对同一首乐曲进行剪接。

(2)对两首或多首乐曲进行的剪接。

(3)剪接音乐应在乐曲的停顿、空拍或结尾处,以确保音乐的连贯、流畅。

2. 记录音乐

记录音乐是体育舞蹈创编者应具备的基本技能之一,体育舞蹈创编者应具有善于聆听、记录美好音乐的习惯和能力,备选音乐素材的记录越清楚越好。快速、便捷的音乐记录有如下几种方法。

(1)画出音节。

(2)当音乐段落发生变化时另起一行,以便于清楚地了解音乐的段落结构。

① ② ③ ④

① ②
| | |
① ② ③ ④
| | | |
①
| |

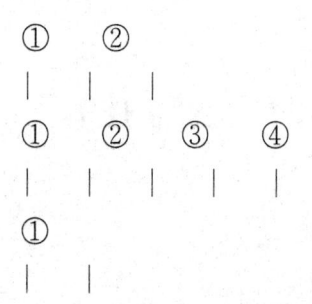

(3)聆听音乐,根据音乐特色、特点在相应的空间内作出标记(标记符合可以自创,方便记录和识别即可,如"嗖"代表风声,"∽"代表音乐中的颤抖,"↑"表示重音的强调等)。

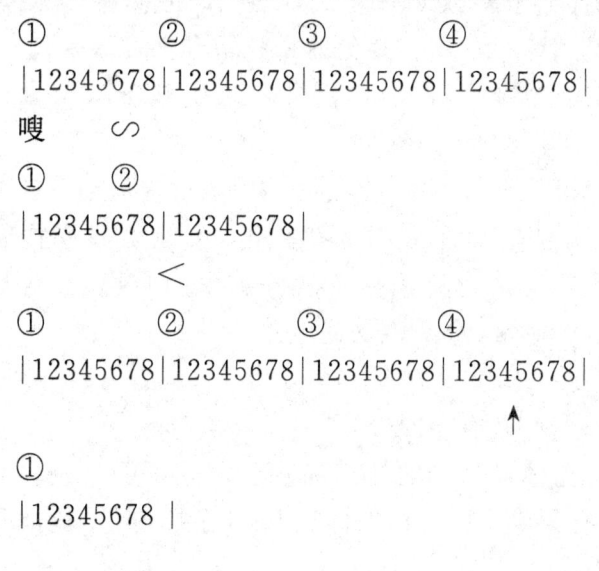

① ② ③ ④
|12345678|12345678|12345678|12345678|
嗖 ∽
① ②
|12345678|12345678|
　　　　＜
① ② ③ ④
|12345678|12345678|12345678|12345678|
　　　　　　　　　↑

①
|12345678 |

3. 音乐编辑

体育舞蹈音乐具有艺术性特点,因此,创编体育舞蹈音乐的过程中,可根据体育舞蹈的整体风格,对音乐进行编辑、加工、处理,如在音乐中加入特效,提高音乐表现力。

现阶段,科技发达,制作音乐特效的方式方法有很多,最常见的是在电脑中编辑生成带有特殊效果的乐曲。当前各种电脑音频编辑软件都为音乐的编辑提供了多元选择。

第二节　体育舞蹈健身的饮食与卫生

一、体育舞蹈健身健康饮食

(一)饮食适度

(1)定时进餐,不可暴饮暴食。饮食有节,饥饱适当,使热能和蛋白质的摄入与消耗相适应,避免体重超重和消瘦。

(2)进食时应细嚼慢咽,使肌体能从容准确地反映出食欲状况,从而避免暴食引发的热能过量。

(3)避免过多摄入脂肪,尤以少食饱和脂肪酸为主。过多食入饱和脂肪酸会明显增加血液中的胆固醇,可能引发心血管疾病。此外,可导致参与体育舞蹈健身者的皮下脂肪堆积,会影响身体线条美,并增加体重,降低移动速度。

(二)合理膳食

(1)注重早餐和健身期间的适当加餐。尤其不能忽视早餐的重要性。如果不吃早餐,上午参加体育舞蹈健身,可导致能量供应不足,出现头晕眼花、恶心等现象。

(2)进餐间隔时间不宜过长,也不宜太短。一般来说,摄入混合性膳食,食物在胃内消化排空的时间为4~5小时,因此一日三餐之间的时间间隔以4~5小时为宜。

(3)注意一日三餐的分配。通常早餐摄入的能量应占全天总能量的25%~30%,午餐占40%,晚餐占30%~35%。

(三)健康晚餐要求

1. 晚餐宜素食

医学研究发现,晚餐经常吃荤食的人比经常吃素食的人的血脂要高出三四倍。经常在晚餐时摄入过多的热量,容易使胆固醇增高,也会发胖。

2. 晚餐不宜过甜

晚餐和晚餐后都不宜吃甜腻食品。

(1)现代生物医学研究表明,机体代谢活性会随着阳光强弱的变化而改变,晚上身体代谢慢,甜食不好消化。

(2)受活动状态或休息的强烈影响。白糖经消化分解为果糖与葡萄糖,被人体吸收转变成能量与脂肪,进食甜食后立刻休息,不能使身体分泌足够的胰岛素,对白糖转换成脂肪抑制。

3. 晚餐不宜过饱

中医认为"胃不和,卧不宁。"晚餐时要控制食量,如果进食过多,会加重胃肠负担,久之可引起神经衰弱等疾病。

此外,晚餐过饱,食物成分消化吸收不充分,在肠道细菌的作用下会产生有毒物质,睡眠时肠蠕动减慢,会延长有毒物质在体内的存储时间,可引发大肠病变。

4. 晚餐不宜过晚

晚餐不宜吃得太晚,否则容易患尿道结石。睡前 2 小时最好不要吃东西,以免延长准备入睡休息的时间。

二、体育舞蹈健身运动卫生

(一)少儿体育舞蹈健身运动卫生

运动卫生是良好运动的开始,少年儿童的体育舞蹈健康教育应和卫生教育结合起来,积极培养少年儿童良好的个人和公共卫生习惯,在体育舞蹈健身期间,保证充足的休息和优质的睡眠,保持良好的生活作息。

(二)老年人体育舞蹈健身运动卫生

(1)饭后至少间隔1小时才进行体育舞蹈健身锻炼。

(2)体育舞蹈健身锻炼后不要马上大量喝水、洗热水澡等。

(3)夏天锻炼时间宜选择在清晨或傍晚,以避免中暑。

(三)女性经期体育舞蹈健身运动卫生

1. 经期适当运动

运动研究表明,适当的运动不会影响女性月经周期的变化和身体不适,对于月经正常的女子来说,在月经期间可以参加适当的体育活动。

女性经期参与体育舞蹈健身,应注意控制运动强度,并注意以下几点:

(1)避免做剧烈的、大强度的或震动大的动作。

(2)避免做使腹压明显增高的屏气和静力性动作。

(3)月经不调、痛经、内生殖器炎症者,经期停止运动。

2. 建立月经卡片

为了合理安排运动,女性可建立月经卡片,填写行经日期、天数、经量、身体情况、运动后反应等内容。

3. 经期运动卫生要求

(1)运动健身,尽量穿棉织服装做练习,而不宜穿保暖牲和透气性均不良的服装,以免引起痛经或月经失调。

(2)经期的前两天应适当减小运动量及强度,运动时间不宜过长。

(3)月经初潮的女少年,由于性腺内分泌周期尚不稳定,更要谨慎运动。

(4)经期加强医务监督,运动健身负荷要循序渐进地增加。

(5)运动期间,如果出现月经不调和身体不适,应适当调整运动量和运动负荷或停止运动。

第三节 体育舞蹈健身的运动安全

体育舞蹈健身的运动安全主要涉及体育舞蹈健身过程中的意外损伤与疾病的处理,体育舞蹈健身虽然不像体育舞蹈竞技训练那样强度大,也没有高难度技术动作,但是因为个人意识、活动准备不充分、场地原因、同伴配合等各种因素,健身过程中难免会发生伤病,对这些伤病,健身者应有明确的认知并掌握正确的处理方法。

一、体育舞蹈健身中的运动损伤处理

(一)擦伤

擦伤,是指皮肤受到摩擦而引起的皮肤表层的损害。是一种常见表皮损伤。

体育舞蹈运动对场地有一定的要求,一般来说,场地比较光滑,以便于舞者在场地上的移动、旋转、滑行,但是在做动作过程中,稍有不慎摔倒,就会很大几率地发生擦伤。

1. 损伤征象

皮肤表皮剥脱,可伴渗液、出血。

2. 处理方法

(1)较轻擦伤,生理盐水冲洗,涂抹红药水或紫药水或 0.1% 新洁尔溶液。

(2)大伤口擦伤:用生理盐水棉球轻轻刷洗、清理创面中的异物,用碘酒或酒精消毒,涂云南白药,纱布包扎。

(3)关节擦伤:注意清洗、消毒,再涂抹医用止血止痛药,如青霉素软膏。

(二)挫伤

挫伤,是一种受钝性外力作用产生的损伤,比擦伤程度更深,伤口闭合性损伤。

1. 损伤征象

肿胀、疼痛、出血等。

2. 处理方法

(1)伤后即刻局部冷敷、外敷新伤药。
(2)四肢挫伤:建议对伤部进行包扎固定,必要时应及时送医接受治疗。
(3)头部、躯干部严重挫伤:观察伤者是否因受伤有休克、大出血现象,如有应先进行休克处理,同时,快速及时止血,并及时联系送医。
(4)手指挫伤:冷水冲淋、按压止血,包扎。
(5)面部挫伤:冷敷,24小时后热敷;如伤口崩裂伤应送医缝合。

(三)拉伤

拉伤是肌肉过度收缩或拉长致伤。体育舞蹈健身学练过程中,如准备活动不充分、动作用力过猛、因技术动作错误导致动作错误可导致肌肉拉伤。

1. 损伤征象

伤部压痛、肿胀,可伴有痉挛症状。

2. 处理方法

(1)轻微拉伤:冷敷,并加压包扎。
(2)严重拉伤:及时送医就诊。

(四)扭伤

扭伤,指身体部位过分、异常扭转导致的损伤,如肌肉扭伤、韧带扭伤、关节扭伤等。

1. 损伤征象

疼痛、肿胀,活动受限。

2. 处理方法

(1)指关节扭伤:冷敷或轻度拔伸牵引轻捏数次,然后将伤指与相邻的健指相固定。

(2)肩关节扭伤:冷敷和加压包扎。24小时后可进行按摩、理疗或针灸治疗;如有韧带断裂,应及时就医。

(3)腰部扭伤:停止运动,平卧休息,冷敷。

(4)膝关节扭伤:压迫痛点止血,抬高伤肢,加压包扎。及时就医。

(5)踝关节扭伤:用拇指压迫痛点,轻伤可用弹力绷带包扎固定;韧带断裂应进行压迫包扎并及时就医。

(五)肩袖损伤

肩袖损伤(肩袖损伤性肌腱炎),多与肩关节长期超常范围急剧转动、劳损、牵拉、摩擦有关。体育舞蹈中,男女舞伴的手臂绝大多数时间处于抬起状态,保持紧张的姿势,容易造成肩部和手臂劳累,在这样的情况下做的旋转、开合动作,容易诱发肩袖损伤。

1. 损伤征象

肩袖损伤时,肩外展会感到疼痛,有时会向上臂、颈部放射。当肩外展或伴有内外旋转时,疼痛会加重。

2. 处理方法

(1)急性发作期间,应暂停训练,肩关节制动,上臂外展30°固定,以减小有关肌肉张力而减轻疼痛症状表现。

(2)停止舞蹈健身,适当休息、调整后,可理疗、按摩和针灸缓解伤痛。

(3)有肌腱断裂并发症时,应立即就医。

(六)关节脱位

关节脱位,指关节离开关节应在位置。

1. 损伤征象

疼痛、肿胀,有撕裂感,关节功能丧失。

2. 处理方法

(1)肩关节脱位时,三角巾悬挂前臂固定,并及时送专业医师做复位处理。

(2)肘关节脱位时,铁丝夹板置于肘后悬臂包扎固定,并及时送专业医师做复位处理。

(3)切忌盲目、随意复位。

(七)腰肌劳损

腰肌损伤,又称腰肌筋膜炎,一般来说,患者在患有急性腰扭伤后并未根治,并且腰部的活动量和负荷量仍旧未减,久之,可形成腰部机体组织的慢性损伤。体育舞蹈中的许多舞步、旋转、移动动作的完成,都需要腰部发力,腰部劳损是从事体育舞蹈的舞者一个非常常见的运动损伤。

1. 损伤征象

腰部长期保持一个身体姿势时,可出现腰部肌肉酸痛。

2. 处理方法

(1)腰肌劳损发生后,可采用理疗、按摩、针灸、封闭、口服药物、用保护带及加强背肌练习等非手术治疗手段。

(2)顽固病例应进行手术治疗。

(八)腰椎间盘突出

腰椎间盘突出,又称"腰椎间盘纤维环破裂"、"腰椎间盘髓核突出",一般为外力作用所致,运动者长期反复损伤有诱发可能。

1. 损伤征象

伤后即刻腰侧剧烈疼痛、痉挛,活动受限,夜晚疼痛加剧。

2. 处理方法

(1)轻度损伤:注意休息,并进行按摩推拿治疗,待症状明显减轻或基本消失后,可进行有针对性的运动康复训练。

(2)急性期损伤:应卧床休息。

(九)髌骨劳损

髌骨劳损是髌骨的关节软骨面和髌骨因缘股四头肌张腱膜的附着部分的慢性损伤。

1. 损伤征象

髌骨劳损发生后,可出现膝软与膝痛感。运动负荷不同,疼痛感程度不同,二者成正比,损伤不严重者可在运动休息后疼痛减轻或消失。顽固性伤者在特殊气候(如阴天下雨)中即使不运动也会疼痛。

2. 处理方法

(1)调整运动量和局部负荷,注意休息。

(2)并采用按摩、揉捏、搓等手法依次反复按摩和点压髌骨周围穴位等方法。

(十)韧带损伤

体育舞蹈中,韧带损伤多见于膝盖和脚踝处。

1. 膝关节韧带损伤

体育舞蹈的许多舞步技术动作会对舞者的膝关节产生冲力,如转身时,大腿随躯干突然内收内旋,在膝关节处形成了一个扭转力,或来自膝外侧的一个向内侧的冲撞力,可导致膝关节韧带损伤。

处理方法如下:

(1)弹力绷带做"8"字形(内侧交叉)压迫包扎,继续用冰袋冷敷。

(2)利用棉花夹板固定。

(3)韧带完全断裂者及时送医院处理。

2. 膝内侧副韧带损伤

体育舞蹈场地、技术(如跳起落地姿势不佳,急剧转身)等可造成膝关节内翻,引起外侧副韧带损伤。

处理方法如下:

(1)立即冷敷、加压包扎、制动,减少出血、止痛,以避免并发症。

(2)伤后24小时左右可中药外敷或内服、按摩、理疗,促进淋巴和血液循环,加速渗出液和积血的吸收。

(3)膝内侧副韧带完全断裂最好的治疗方法是手术缝合。

3. 踝关节韧带损伤

在体育舞蹈中跳起落地时踩在别人的脚上是造成踝关节内旋、足疏屈内翻位的重要原因。

处理方法如下：

(1)冰袋冷敷应急,若无条件则可用凉水降温,缓解疼痛。
(2)损伤严重者应及时就医。

(十一)出血

出血是指皮肤组织被破坏,血液流出,具体处理如下：

1. 止血

(1)指压止血
根据不同的出血部位,进行相应的压迫点压迫止血。
①掌指出血:按压桡动脉及尺动脉。
②下肢出血:两手拇指重叠,在腹股沟中点稍下方,将股动脉用力压在耻骨上支上。
③足部出血:压迫足背及内踝后方胫动脉和胫后动脉。
(2)止血带止血
用气止血带(或皮管、皮带)缚在出血部近端,上肢每半小时、下肢每1小时放松一次,以免肢体麻痹或坏死。

2. 包扎

用绷带和三角巾(或布条)包扎出血部位或肢体,结合不同伤部,可选用环形包扎(图 4-1)、扇形包扎(图 4-2)、螺旋形包扎(图 4-3)、"8"字形包扎等方法进行包扎。

3. 大出血

出血不止或出血致休克者,应及时输血或手术治疗。

图 4-1　　　　　　图 4-2

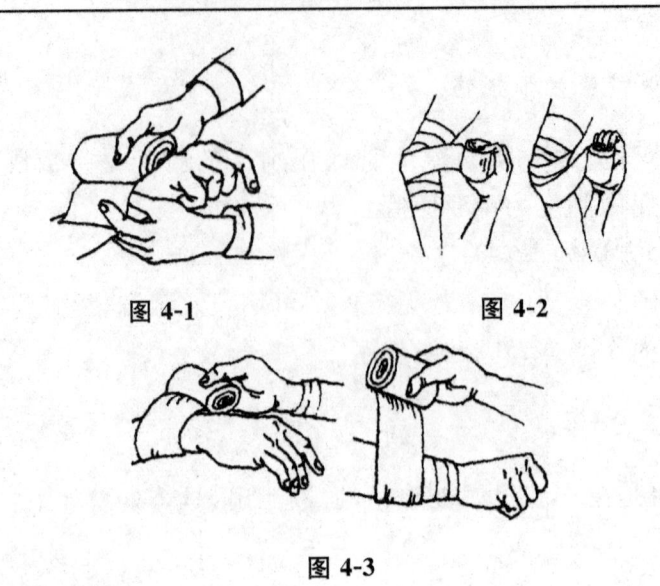

图 4-3

(十二)骨折

骨的完整性遭到破坏的损伤称为骨折,体育舞蹈中,起跳突然落地可导致骨折,舞池中如果与其他组舞伴猛烈撞击摔倒,摔倒时身体的特殊姿势着地,也可能导致骨折。

1. 损伤征象

骨折后,可有剧烈疼痛,骨折处有明显的骨骼突起、肌肉组织肿胀。

2. 处理方法

(1)骨折后,不要随意移动伤部,及时用夹板固定。
(2)骨折伴有休克症状者,应及时进行人工呼吸。
(3)骨折伤口出血不止者,应及时止血,并送医处理。

二、体育舞蹈健身中的运动疾病处理

(一)过度紧张

过度紧张是初次接触体育舞蹈的健身者经常出现的情况,主要是由于认识不足,或初次健身运动训练负荷过大、技术动作剧烈超过机体负荷导致。

1. 病症

恶心、呕吐,面白、头痛及头晕;呼吸困难,神志不清、昏倒。

2. 处理方法

(1)停止运动,注意休息,有条件者可服用50%的葡萄糖或镇静剂。

(2)急救时,患者平卧,衣服松解,同时注意保暖,点掐其内关和足三里穴。

(3)昏迷者,可掐人中。

(4)休克者,先进行休克处理。

(二)肌肉痉挛

肌肉痉挛,即抽筋,是肌肉的不自主抖动。

1. 病症

肌不自主肉强直收缩,僵硬,疼痛难忍,有活动障碍。

2. 处理方法

(1)肌肉痉挛较轻者,牵引痉挛肌肉。

(2)大腿后群肌肉、小腿腓肠肌痉挛者,尽力直膝、伸踝、拉长痉挛肌肉。

(三)运动性腹痛

运动性腹痛,因运动不当引起的腹部疼痛。常可由运动导致胃肠痉挛,呼吸紊乱引起。

1. 病症

运动前腹部不痛,随着运动进行出现疼痛感,按压可缓解,无其他并发症。

2. 处理方法

(1)了解腹痛的性质和部位,判断是由运动引起,还是病理因素。

(2)运动性腹痛,减小运动量和强度或停止运动,调整呼吸、动作节奏。

(3)肠胃炎、阑尾炎和其他系统炎症引起腹痛应及时就医治疗。

(四)运动性低血糖

空腹时血糖浓度低于 50 毫克/分升的一种症状表现即为低血糖。长时间剧烈运动,运动前饥饿,都可导致体育舞蹈健身期间产生低血糖病症。

1. 病症

面色苍白、心烦易怒;重者视物模糊、焦虑、昏迷。

2. 处理方法

(1)平卧、保暖,饮浓糖水或吃少量食品。

(2)昏迷者,可针刺人中穴,并迅速就医。

(五)运动性高血压

运动性高血压,是由运动引起的血压升高。老年人参与大负荷体育舞蹈健身也可诱发高血压。

1. 病症

早期主要表现为头痛、头昏、失眠、记忆力减退、注意力不集中、心悸、乏力等,有引起脑血管意外的可能。

2. 处理方法

(1)调节负荷量,注意休息。

(2)对原发性高血压病患者应避免剧烈运动,生活要有规律,劳逸结合。

(3)给予药物治疗。

(六)运动性贫血

因训练不当导致的血液中红细胞数和血红蛋白量低于正常值的现象称为运动性贫血。正常男子的血红蛋白含量为 0.69～0.83 毫摩尔/升,正常女子的血红蛋白含量为 0.64～0.78 毫摩尔/升。

1. 病症

有眩晕感,乏力、易疲劳。临床检查血红蛋白量低于正常值。

2. 处理方法

(1)健身期间,多食用富含蛋白质、铁质食物或服用抗贫血药物。

(2)贫血症状出现后,及时减少运动量,必要应停止运动。

(七)运动性血尿

参与体育舞蹈健身,如果急于求成,负荷过大,超过机体承受范围有可能引起显微镜下血尿。

1. 病症

除血尿外,一般无其他症状。

2. 处理方法

(1)全面检查,排除病理性血尿,以免误诊。

(2)对出现少量红细胞而无症状表现的运动者,减少运动量,注意观察。

(3)出现肉眼血尿,无论有无症状,均应停止运动。

(八)运动性中暑

运动性中暑是由运动导致或诱发造成的体内的过热状态。在炎热的天气下长时间的体育舞蹈健身;身体疲劳、失水、缺盐、体温过高引起。

1. 病症

头晕、头痛、呕吐,体温升高,皮肤灼热干燥。严重者精神失常、虚脱、痉挛、心律失常、血压下降,甚至昏迷。

2. 处理方法

(1)有中暑先兆时,移至通风阴凉处休息,解开衣领,服用清凉饮料、浓茶、淡盐水和解暑药物等。

(2)中暑痉挛时,牵伸痉挛肌肉使之缓解,并服用含盐清凉饮料。

(3)中暑衰竭时服用含糖、盐饮料,并在四肢做重推按摩。

(4)症状表现重或昏迷患者,可针刺人中、涌泉、中冲等穴,并应迅速就医抢救。

(九)运动性昏厥

暂时性的知觉和行动能力丧失的状态称为昏厥,也称重力休克。

1. 病症

昏厥前患者会感到头昏,全身无力,眼前发黑,耳鸣,恶心等。

2. 处理方法

(1)平卧,将头放低,足垫高,松解衣带,热毛巾擦脸,做下肢向心性推摩或揉捏,嗅氨水或点掐其人中、百会、合谷等穴,由远心端向近心端按摩下肢,以促使下肢静脉血回心加快。

(2)未恢复知觉前或有呕吐现象时切忌饮食。

(十)延迟性肌肉酸痛

对于体育舞蹈健身者来说,初次参与体育舞蹈健身锻炼或有运动经验者长时间大强度集训,可导致运动后一段时间(24~48小时)机体部分肌肉因肌纤维痉挛而酸痛,称之为延迟性肌肉酸痛。在初学者的体育舞蹈的伸展练习中,延迟性肌肉酸痛多发。

1. 病症

局部肌肉酸痛,有胀、麻感。

2. 处理方法

(1)对肌肉酸痛部位进行热敷或按摩或口服维生素C以缓解症状。

(2)对主要工作肌肉进行推拿按摩,针灸、电疗。

第五章 体育舞蹈基础技法健身学练指导

体育舞蹈基础技法主要在于为刚接触体育舞蹈的运动者建立一个健康、良好的个人形象,具体涉及个人的身体姿势、体态、舞蹈动作基础和舞步动作基础等。通过这些具有典型意义的基础性舞蹈技法动作的学练,有助于运动者形成健美外形和优雅的举止风范,使运动者对体育舞蹈动作的方法、要领、体姿、身体运动变化规律具有一定的了解,并发展运动者的协调性、灵敏性、柔韧性及身体控制能力,同时有助于培养和提高运动者的审美理想与审美能力,为运动者学习更专业的体育舞蹈技术动作奠定良好的理论、体姿、体能基础。本章重点就体育舞蹈的基础技法健身内容和学练方法进行系统分析,以为体育舞蹈运动参与者科学从事体育舞蹈的基础技法学练、熟练掌握体育舞蹈的基础技法提供理论和实践指导。

第一节 基本姿态

体育舞蹈对舞者的舞蹈姿态有较高的要求,体育舞蹈是对运动者进行艺术美育教育的过程,是获得形体美和心理美以及美的表现的主要途径。个人的一般身体姿态和在体育舞蹈动作中的舞蹈姿态对个体的生活形象和舞蹈形象塑造具有重要的帮助作用。在体育舞蹈中,物质的基本姿态是舞者参与体育舞蹈学练的重要形体基础训练,必须重视。

第五章　体育舞蹈基础技法健身学练指导

一、形体姿态常见名词解析

人体的基本姿态包括姿势和体态两大部分内容,这里重点就其中的基本姿态名称进行简单介绍,具体的人体姿态名词和学练方法将以下标题内容中详细介绍。

(一)基本站立

站立是人体的一种基本静态姿势,要求各个部位协调、挺拔、舒展,体现人体美。

日常生活中的站姿多为放松姿势,体育舞蹈中的站姿有较为严格的要求,舞者应准确掌握用力和身体控制要领,具体如下:

(1)躯干发力点在腰部,背肌收缩用力,上顶躯干。
(2)展胸,而非展肩,后背发力前顶。
(3)夹臀,两腿外展。[1]

(二)开

在体育舞蹈中,开是指人体的肩、胸、髋、膝、踝五大关节向外打开,以腿脚的动作为主。目的是延长身体线条、增大动作幅度、增强表现力。

开,有助于动作灵活和身体平衡,是舞蹈形体中的主要审美之一。[2]

(三)手形

手指所构成的基本手部形态,包括掌、拳及其他舞蹈手型三大类,又可细分为多个类型。

(1)合掌。五指并拢伸直。
(2)分掌。五指用力分开,手腕保持紧张。

---

[1] 人力资源社会保障部教材办公室. 形体训练(第四版)[M]. 北京:中国社会劳动保障出版社,2016.
[2] 赵晓玲,彭波. 形体训练(第三版)[M]. 北京:科学出版社,2012.

(3)花掌：先分掌，然后小指伸直向掌心回弯到最大限度，无名指随小指回弯。

(4)拳。五指紧握，大拇指压在食指弯曲部位。

(5)推掌。手掌上翘，五指自然弯曲。

(6)西班牙舞手势。小指、无名指、中指自掌指关节处依次弯曲，拇指稍内扣。

(7)芭蕾手势。五指微屈、后三指并拢内收，拇指内扣。

(8)一指式。握拳，食指伸直。

(9)响指。拇指、中指摩擦与食指打响。

体育舞蹈的部分手型动作如图5-1所示。

合掌　　　分掌　　　拳　　　推掌

西班牙舞手势　　芭蕾手势　　一指式　　响指

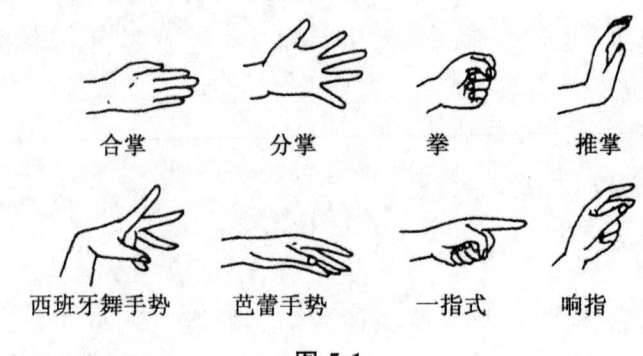

图 5-1

(四)手位、脚位

体育舞蹈的手位和脚位是指舞蹈开始或者舞蹈过程中的停顿时，舞者的手和脚所在的位置。体育舞蹈的基本手位和脚位是借鉴芭蕾手位、脚位，在动作和要求上经过改造而成的。

体育舞蹈的手位、脚位练习旨在提高人体站立姿势的控制感和美感。

(五)波浪

波浪是体育舞蹈中的一种舞蹈动作的统称，包括手臂波浪动作和身体波浪动作，波浪动作可表现出舞姿柔软、舒展、圆润、流畅的舞蹈动作特点，波浪动作练习对发展女性形体具有独特的锻炼价值。

二、基本体姿学练

(一)站姿

1. 标准站姿

体育舞蹈中的标准站姿要求身体各部位控制如下：
(1)头正直,目视前方。
(2)颈部和躯干自然挺直,重心在两脚之间,头、颈、躯干和腿在同一垂线上。
(3)身体舒展,头不歪,脖颈正直、不前伸不后仰,背不驼,胸不含,肩不耸,髋不松,膝不变。
(4)双脚略微分开,或成"丁"字步,两脚均匀着地。
(5)双臂自然下垂,或双手在体前交叉。

2. 标准站姿学练

(1)靠墙立
借助于墙的平面,帮助体育舞蹈参与者培养和训练站立时上体挺拔,保持头、躯干和腿在一条垂线上的良好习惯。
在墙边,在立正姿态的基础上,头、肩背、臀、小腿、脚跟贴墙面,双腿夹紧,头向上顶,下颌略回收,
贴墙站立控制身体30秒至1分钟,放松,反复做8~10次。
(2)分腿立
通过腿部的特殊姿势来训练臀、腹及上体在标准站立中的正确感觉,夹臀与收腹协同紧张。
两腿小八字立,脚稍分开,脚间距与肩同宽,双手叉腰,双肘微前扣,收腹,挺胸,立腰,立背,双肩后张下沉。
(3)移重心站立
分节拍进行组的练习,具体学练方法如下：

1×8拍第1～2拍,屈膝前移重心;3～4拍右脚在前直立,右脚后点地;5～8拍控制4拍。

2×8拍与1×8拍动作相同,方向相反。

3×8拍,左脚1～2拍向侧擦或点地;3～4拍左脚直立,右脚侧点地;5～8拍控制4拍。

4×8拍与3×8拍动作相同,方向相反。

反复练习6～8次。

(二)坐姿

1. 标准坐姿

(1)上体自然挺直,两臂自然下垂,两手自然摆放。
(2)肩部放松,颈伸直、前倾。
(3)两膝自然弯曲,大腿水平,两脚掌均匀着地。
(4)夹臀,直腰,收腹,双膝紧靠,坐姿端正。

2. 标准坐姿学练

(1)盘腿坐

重心落在臀部上,挺胸、收腹,立腰,肋骨上提,头上伸,收下颔,两腿弯曲,两脚脚心相对盘于腹前,双肘放松,手腕搭于膝上。

(2)正步坐

上体姿势同盘腿坐,两脚并拢,脚尖向前,两膝稍分开,两臂自然弯曲,两手自然放大腿处,立腰。头、肩、臀应在一条线上。

(3)侧坐

上体姿势同盘腿坐,两手自然扶于腿处。两腿弯曲并拢,双膝稍移向一边,靠外侧的脚略放在前面,展现曲线、体现美感。

(三)行姿

1. 标准步态

(1)迈步时,以大腿带动小腿,先以脚跟着地,再过渡到前脚掌,脚尖稍微外展,重心在前脚掌。

(2)颈部挺直,下颌内收,双目平视。

(3)两肩放松,两臂配合腿部动作自然协调地前后摆动,摆幅在30°左右。

(4)收腹挺胸,有节奏地向前移动重心。

(5)重心与前进的方向成一直线。

(6)一般步长为75厘米左右,因人而异。

(7)步态自如、轻盈、矫健、敏捷。

2. 标准步态学练

(1)坐在椅子上,脚趾夹地上小物体远抛。

(2)站立提踵或负重提踵。跷脚尖,直膝,提脚跟至最大限度,脚跟下落还原。反复25～30次后放松。

(3)足尖、足跟、足外侧交替走,每个动作约走5～6米后放松。

(4)脚背屈伸:直角坐,双手撑地,两腿并拢伸直,脚背屈伸。

(5)脚踝绕环:直角坐,双手撑地,两腿并拢伸直,两脚由内(外)向外(内),绕环至最大限度。

(6)平衡感训练:背部挺直,上体不动,头顶放轻物,保持不掉落,目视前方。

(7)修正线条训练:地上放一条5厘米宽的长带,踏出一步,脚跟内侧触带子,大脚趾像踩在带子上一样着地。另外一脚重复上述动作,两脚呈倒八字形。

三、芭蕾形体基础学练

(一)芭蕾手位

手一位:双臂弧形体前下垂,手指相对,头右斜上45°。

手二位:双臂弧形前平举,略低于肩,手心相对。

手三位:双臂弧形上举,手心相对,头右斜上45°。

手四位:一臂弧形上举,一臂弧形前平举。

手五位:一臂弧形上举,一臂弧形侧举,肘向后,手心向前,头右转。

手六位:一臂弧形侧举,肘向后,手心向前,一臂弧形前平举。

手七位:双臂弧形侧举,肘向后,手心向前,头左转。

芭蕾手位如图 5-2 所示。

图 5-2

(二)芭蕾脚位

脚一位:脚跟并拢,双脚成一横线。

脚二位:右脚擦地右移,二脚跟相距一脚。

脚三位:右脚向左移至右脚跟对左脚心处,脚跟并拢。

脚四位:右脚前移,二脚平行,相距一脚。

脚五位:右脚后移,二脚平行并拢,右脚跟对左脚尖。

芭蕾脚位各脚位动作如图 5-3 所示。

1 2 3
4 5

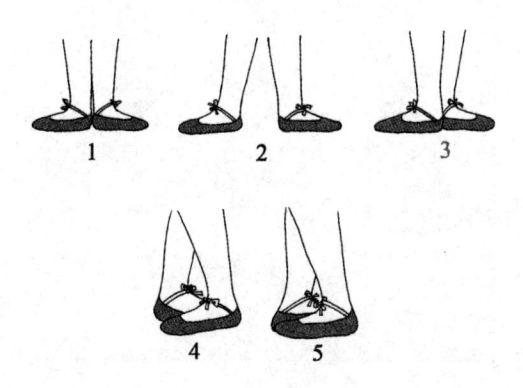

图 5-3

四、舞蹈基础动作学练

（一）颈部动作

1. 仰

两脚开立,双手交叉握于头后。头后仰,同时双手用力前拉,头对抗后仰;多次重复练习(图 5-4)。

图 5-4

2. 转

两脚开立,双手叉腰,头颈自然放松,向左转头;下巴转到肩部时,控制 5 秒后还原;反方向做(图 5-5)。

图 5-5

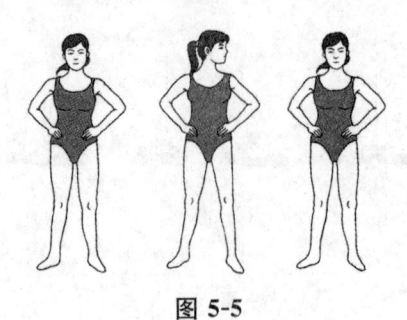

3. 屈

头部向各个方向分别做颈部关节弯曲运动,如前屈、后屈、左侧屈、右侧屈(图 5-6)。

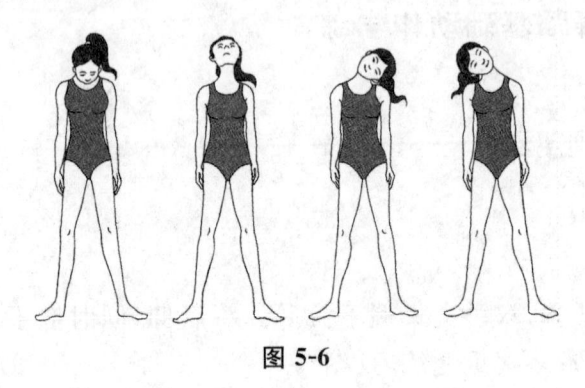

图 5-6

4. 环绕

两脚开立,双臂体侧自然下垂,头正直,头颈部沿身体垂直轴向左或右转动 360°(图 5-7)。

图 5-7

(二)肩部动作

1. 提肩

两脚开立,两臂垂于体侧,沿身体垂直轴最大限度向上提起,提肩高度至耳朵下方,两臂伸直,肩部向下沉;可提一侧肩,或提双肩(图 5-8)。

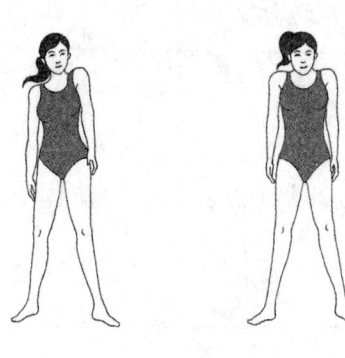

图 5-8

2. 沉肩

两脚开立,两臂垂于体侧,慢慢向下沉双肩(图 5-9)。

图 5-9

3. 伸肩

两脚开立,两臂垂于体侧,两手握拳,屈膝半蹲,两臂侧举与肩平,还原(图 5-10)。可向左拉伸也可向右拉伸。

图 5-10

4. 振肩

两肩做由内收到外展的连续弹性动作。如向内振肩、向外振肩。

5. 旋肩

肩关节以身体冠状轴为轴,做前后的旋的动作。如向前旋肩、向后旋肩。

(三)胸部动作

1. 移胸

两脚开立,固定髋部,腰腹随胸部左右移动(左移胸、右移胸)。

2. 含胸、挺胸

两脚开立,含胸时低头收腹,收肩,形成背弓;挺胸时,抬头挺胸,展肩(图 5-11)。

3. 振肩扩胸

两脚开立,两臂胸前平屈,掌心向下,屈臂振肩扩胸,还原;再直臂振肩扩胸,还原;反复练习(图 5-12)。

图 5-11

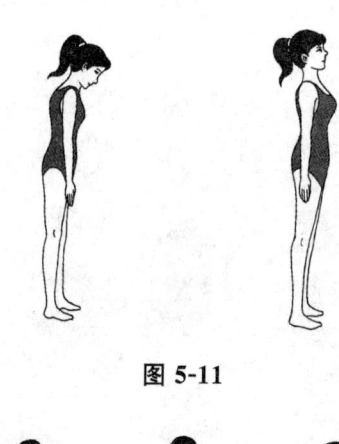

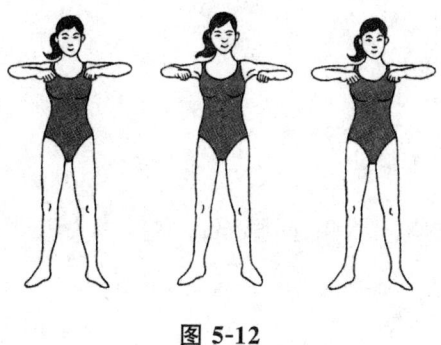

图 5-12

4. 快速含展胸

两脚开立,两手叉腰,匀速挺胸,使肩外展;再匀速含胸,使肩内合,胸廓内收;反复练习(图 5-13)。

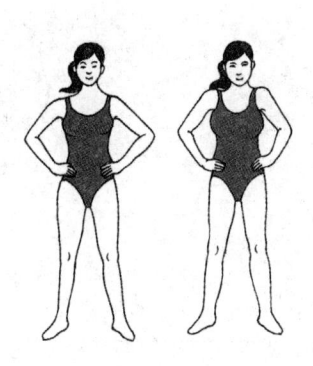

图 5-13

5. 跪坐含展胸

跪坐,两臂体侧自然下垂,上体正直,胸部向后挺,拱背,含胸低头,两臂前举;还原,反复练习(图 5-14)。

图 5-14

(四)腹部动作

1. 仰卧交叉举腿

仰卧,两臂伸直于体侧,两腿伸直,在空中做交叉动作(图 5-15)。

2. 仰卧举腿转身

仰卧,双腿并拢伸直,双手扶头后,收腹,抬上体,左转体 90°,屈右小腿与地面平行,右肘对左膝关节;控制数秒(图 5-16)。

图 5-15 　　　　图 5-16

(五)腰背动作

1. 屈

两脚开立,腰部向前或向侧做拉伸运动,如前屈、后屈、侧屈(图 5-17)。

图 5-17

2. 转

两脚开立,身体保持紧张,结合迈步,腰部带动身体沿垂直轴左、右转腰(图 5-18)。

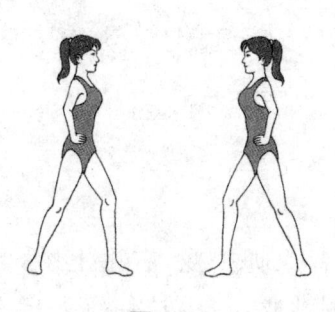

图 5-18

3. 绕和环绕

两脚开立,腰部做弧线(左绕、右绕)或圆周(环绕)运动,手臂协调配合(图 5-19)。

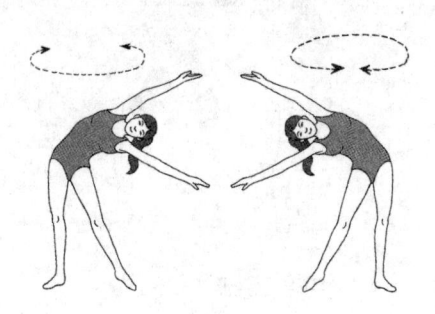

图 5-19

4. 助力背伸

两人一组,练习者俯卧,双臂后伸;协助者分腿立于练习者双腿两侧,双手用力拉起练习者,使练习者的上体离开地面呈最大反背弓;慢慢放回地面还原(图 5-20)。

图 5-20

5. 助力侧屈体

两人一组,练习者双脚并拢,右手上举,侧对协助者站立;协助者面对练习者左侧站立,右手拉住练习者右手,左手拉住练习者左手,以右脚抵练习者双脚。在协助者的帮助下,练习者左侧屈至最大限度,坚持数秒,还原(图 5-21)。

图 5-21

(六)髋部动作

1. 顶髋

两腿开立,上体正直,双手叉腰,将髋用力向左、右、后、前顶出(图 5-22)。

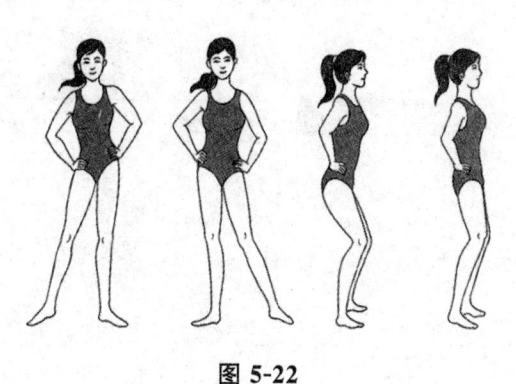

图 5-22

2. 提髋

两脚开立,向左上、右上提髋,手臂协调配合(图 5-23)。

3. 绕和环绕

两脚开立,髋做弧线(左绕、右绕)或圆周(环绕)运动(图 5-24)。

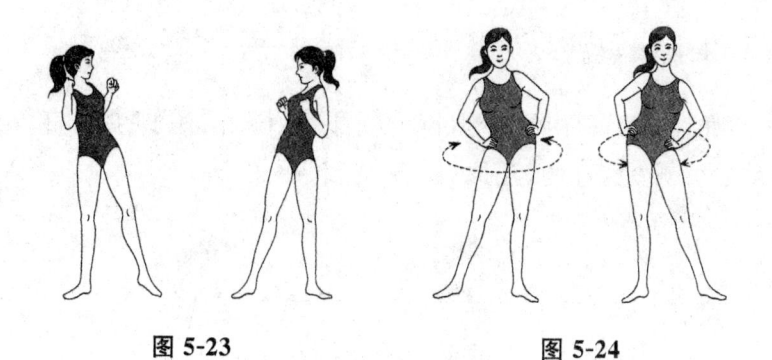

图 5-23　　　图 5-24

(七)臀部动作

1. 桥

仰卧,屈膝分腿,与肩同宽,两臂置于体侧,两腿蹬伸,向上挺髋,臀部肌肉用力收缩,控制2秒钟(图5-25),然后臀部落地,还原。

图 5-25

2. 跪撑后踢腿

跪撑,双臂支撑地面,左腿屈膝后踢,抬头挺胸,双臂支撑;两腿交替练习。

3. 跪撑侧踢腿

跪撑,低头,右脚背点地,两臂伸直,抬头,右腿用力右踢;还原;两腿交换练习。

(八)腿部动作

1. 伸腿勾、绷脚

直角坐,两臂体侧撑地,挺胸立腰,两腿并拢,脚尖绷直,足背屈,足趾张开;足背伸,还原(图5-26)。

图 5-26

2. 坐伸腿

屈腿提膝坐,两手扶膝,头部抬起,两腿伸直上举;还原(图 5-27)。

图 5-27

3. 仰卧举腿绕环

仰卧,一腿伸直上举,另一腿屈膝点地,上举腿以踝关节为轴,在空中沿顺(逆)时针方向划圆;还原;两腿交替练习(图 5-28)。

图 5-28

4. 仰卧举腿绷、勾脚尖

仰卧,一腿伸直上举,另一腿屈膝点地,上举腿脚尖绷紧,再勾起;还原;两腿交替练习(图 5-29)。

图 5-29

五、舞蹈组合动作学练

以髋部组合动作学练为例,学练内容与方法如下:

预备姿势:开立,两手叉腰,左腿屈膝内扣,右顶髋;右腿屈膝内扣,左顶髋;左右顶胯两次(图5-30)。

图 5-30

第一个8拍:
第1拍:左膝内扣,右顶髋,两臂胸前平屈。
第2拍:右膝内扣,左顶髋,两臂下伸。
第3~4拍:同1~2拍(图5-31)。

图 5-31

第5拍:左膝内扣,右顶髋,两臂经侧至头上交叉后成上举。
第6拍:右膝内扣,左顶髋,两臂头上交叉1次后成上举。
第7拍:左膝内扣,右顶髋,两臂肩侧屈,头向右转。

第 8 拍：右膝内扣,左顶髋,两臂还原至体侧,头还原(图 5-32)。

图 5-32

第二个 8 拍：

第 1 拍：左膝内扣,右顶髋,左臂胸前屈。

第 2 拍：右膝内扣,左顶髋,右臂胸前屈。

第 3 拍：左膝内扣,右顶髋,左臂前伸。

第 4 拍：右膝内扣,左顶髋,右臂前伸(图 5-33)。

图 5-33

第 5～6 拍：自左脚起踏步走 2 步,两手胸前击掌 2 次。

第 7 拍：双脚跳成开立,双手叉腰。

第 8 拍：不动(图 5-34)。

图 5-34

第二节　把杆基础

一、把杆训练常见名词解析

(一)擦地

擦地是一种舞蹈动作,指脚站在一位或五位位置,通过向前、后、侧向的蹦脚移动。

在体育舞蹈基础技法训练中,擦地是整个腿部训练的基础动作。擦脚动作练习可训练舞者的踝关节、脚背,紧实小腿肌肉,美化腿部线条。

(二)扶把练习

扶把练习是舞蹈练习的基本手段,包括双手扶把、单手扶把。

舞蹈的扶把练习可令舞者保持良好的形体与高贵的气质,令舞者的胸、脊柱、臂、臀、脚等部位都保持良好的线条。扶把练习通常依靠肋木进行,或用桌子、窗台、椅背代替。[1]

---

[1] 赵晓玲,彭波. 形体训练(第三版)[M]. 北京:科学出版社,2012.

(三)把下训练

把下训练,指脱离把杆的舞蹈基本功练习,其必须建立在扶把训练的基础之上。

把下训练主要是将臂、腿、弹跳等配合舞蹈姿态、造型动作而组成的舞蹈组合动作,用于提高舞者完成基本舞蹈动作组合的能力、身体控制能力、身体基本姿态,使舞者的形体更加健美、舞蹈基础更加扎实。

二、把杆基础动作学练

(一)擦地动作

通过向不同方位的擦地训练,锻炼舞者小腿与脚背能力,拉长其腿部线条。

1. 旁擦地

(1)双手扶把,脚一位。
(2)脚尖带动,向旁擦出,经脚掌擦地往远绷脚点地。
(3)脚跟带动,经脚掌擦地收回还原。

2. 前擦地

(1)双手扶把,脚一位。
(2)脚尖带动,向前擦出,脚跟与脚尖平行,经脚掌擦地往远绷脚前点。
(3)脚尖带动,经脚掌擦地收回还原。

3. 后擦地

(1)双手扶把,脚一位。
(2)脚尖带动,向后擦出,脚跟与脚尖平行,经脚掌擦地往远绷脚点地。

(3)脚跟与脚尖平行,经脚掌擦地收回还原。

(二)腰部动作

通过腰部的延长与弯曲训练,锻炼舞者腰部的延长性,提高腰部力量和柔韧性。

1. 前腰

单手扶把,山膀手位,一位脚;躯干正直前倾,单手抱腿。

2. 旁腰

单手扶把,山膀手位,一位脚;托掌,由手指尖带动头经过上至旁腰往远延伸。

3. 胸腰

单手扶把,一位脚;托掌,由手带动头往后仰,胸腰上挑。

4. 后腰

单手扶把,一位脚;托掌,动力脚前点地,由手带动头至胸腰、中腰、后腰往后下。

(三)腿部动作

1. 压腿练习

通过腿的伸拉,提高舞者腿部韧带的软开度,提高下肢韧带与腰部的柔韧性。

(1)压前腿

右手扶把,左手托掌;身体往左45°面向把杆,左腿脚腕放在把杆上,绷脚,手指尖带动头顶往远,上体正直前倾90°。

(2)压旁腿

左手扶把,右手托掌;身体往右45°面向把杆,左腿脚腕放在把杆上,绷脚,手指尖带动头至旁腰,下侧倾90°贴腿。

第五章 体育舞蹈基础技法健身学练指导

(3)压后胯

右手扶把,身体侧对把杆;外侧腿脚腕置于把杆上,主力腿下蹲,上体不动。

(4)压后腰

右手扶把,左手托掌;身体侧对把杆,外侧腿脚腕置于把杆上,双腿伸直,托掌带动身体向后下腰。

2. 绷脚练习

侧对把杆,上体正直,一手扶把杆,另一手叉腰,挺胸、收腹、立腰、夹臀,距把杆较远的腿大腿外旋,分别向前、侧、后绷脚,左右脚交替练习(图 5-35)。

图 5-35

3. 踢腿练习

提高舞者动力腿的柔韧性及爆发力。把杆踢腿常见学练内容与方法如下。

(1)前踢腿

侧对把杆,上体正直,单手扶把,山膀手位,一位脚;主力腿不动,动力腿前踢,动力腿从远点地擦地收回。

(2)旁踢腿

侧对把杆,上体正直,单手扶把,山膀手位,一位脚;主力腿不动,动力腿旁踢,动力腿从远点地擦地收回。

(3)后踢腿

侧对把杆,上体正直,单手扶把,山膀手位,一位脚;主力腿不动,动力腿后踢,动力腿从远点地擦地收回。

(4)倒踢紫金冠

侧对把杆,上体正直,单手扶把,山膀手位,一位脚;动力脚前点地,在后踢腿的基础上左手由山膀经下、前到托掌;敞胸、挑腰、抬头。

4. 腿部爆发力练习

提高舞者腿部的速度、力度、灵活性及脚尖的控制力。

(1)压半脚尖:正对把杆,上体正直,双手扶把,一位脚;双脚跟推地起、落。

(2)前、旁、后小踢腿:侧对把杆,上体正直,单手扶把,山膀手位,一位脚;动力腿经前擦地,快速远踢25°,力至脚尖;脚尖擦地收回。

5. 腿部延长性练习

提高舞者腿部的协调性、柔韧性和控制力。

(1)前单腿蹲:侧对把杆,单手扶把,山膀手位,一位脚;主力腿半蹲,动力腿弯曲推脚背,动力腿脚尖放在主力腿的内侧脚踝上,主力腿伸直,动力腿胯根不动、脚尖往前点或抬起远伸。

(2)旁单腿蹲:动作同前单腿蹲,只是动力腿侧向抬起后应尽量远伸。

(3)后单腿蹲:动作同前单腿蹲,只是双腿蹲时动力脚的脚踝与主力脚外脚踝靠拢。

6. 腿部控制力练习

提高舞者腿部的爆发力及脚尖的控制力。

(1)吸腿:单手扶把,山膀手位,一位脚;主力腿伸直,动力腿由膝带动、绷脚沿主力腿上吸90°,大腿与地面保持平行,脚尖轻点主力腿膝内侧。

(2)吸腿控制:以吸腿前控制为例,单手扶把,山膀手位,一位脚;动力腿吸腿,大腿不动,脚尖、脚跟前伸,脚尖从远收至一位。吸腿旁(后)控制同吸腿前控制,方向不同。

(3)直腿控制:控制舞姿与吸腿基本一致,动力脚经擦地继续直线往前、旁、后抬起。

三、把杆组合动作学练

(一)前后波浪腰

准备姿势:侧对把杆,单手扶把,山膀手位,小八字脚位。
学练方法:正步,全蹲,从膝到胯、腹、腰、胸逐渐挑起,形成半脚尖顶胸腰的姿态,手臂配合身体做屈伸。

(二)旁波浪腰

准备姿势:侧对把杆,单手扶把,山膀手位,小八字脚位。
学练方法:正步,由胯带动身体侧移重心,至最大限度后,全蹲,胯部经下弧线向另一侧移重心,再经上弧线还原。

(三)伸吸腿与胸腰

准备姿势:正对把杆,双手扶把,一位脚。
学练方法:主力腿蹲、动力腿前擦地,含胸;主力腿伸直,动力腿旁吸腿;身体直立,动力腿后点地成大掖步,挑胸、挑腰。

第三节 舞步基础

一、脚型、步伐

(一)基本脚型

(1)勾脚:脚趾并拢,脚趾伸、脚踝屈。
(2)绷脚:脚趾并拢,脚趾屈脚踝伸(图5-36)。

图 5-36

(二)常见步伐

体育舞蹈常见脚位主要有以下几种(图 5-37):

(1)正步:两脚并拢。
(2)丁字步:一脚跟贴另一脚内侧。
(3)八字步:两脚跟并拢,脚尖分开,约 60°。
(4)大八字步:在八字步的基础上,两脚开立。
(5)弓步:两脚一前一后,一腿直、一腿屈与地面水平,重心置于两腿之间。

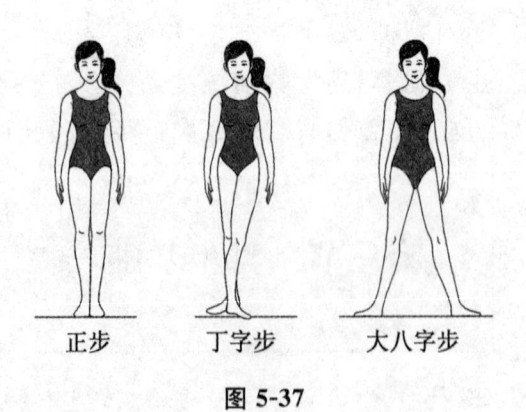

正步　　丁字步　　大八字步

图 5-37

二、基本舞步动作学练

在体育舞蹈中,体育舞蹈的竞赛规则对舞者的舞步走步和出脚顺序有严格的要求,在日常体育舞蹈健身学练过程中,运动者

第五章 体育舞蹈基础技法健身学练指导

也应遵循这些要求。

体育舞蹈运动中,男伴先出左脚,女伴先出右脚,男女动作基本相同,但方向相反。男女相互配合,男士引领女士跟随,共同完成各种舞步的移动。

这里重点介绍体育舞蹈中应用最多的几个基本舞步,体育舞蹈的各舞种具体舞步将在本书第八章详细解析。

(一)走步

走步,又称常步,根据舞步移动方向分为前进步和后退步两种。

舞步动作:立正,左脚向前走三步,右脚向后退三步。前进时用前脚掌触地,脚趾抬起过渡到脚跟擦地向前,着地后再过渡到脚趾,重心移到前脚上(图5-38)。

后退动作与前进动作方向相反。

图 5-38

(二)侧步

侧步是向侧边方向移动的体育舞蹈基本舞步,根据移动方向,分为左侧步和右侧步两种。

舞步动作：立正，左脚向左一步，右脚向左脚并步；随后，左脚向右侧迈一步，右脚向右侧迈一步，左脚再向右脚并步，右脚再向右侧迈一步(图5-39)。

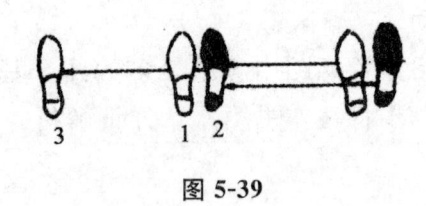

图 5-39

(三)摇摆步

摇摆步根据移动方向可分为前后摇摆、左右摇摆两种。

舞步动作：立正，左脚向前一步，重心前移，重心再后移、再前移、再后移，此为前后摇摆步；向左再向右，再左移、再右移，此为左右摇摆步。

(四)平衡步

平衡步，可根据移动方向分为向前、后、左、右的平衡步，由走步和踏步构成的。

舞步动作：立正，左脚前一步，右脚前上步，前脚掌踏在左脚侧；右脚后退一步，左脚紧跟，前脚掌踏在右脚侧；左脚左一步，右脚向左脚并步，前脚掌踏在左脚侧；右脚右一步，左脚向右脚并步，前脚掌踏在右脚侧。

三、重心移动的舞步学练

(一)擦地的重心移动

在擦地的同时完成重心转换，提高舞者在擦地移动中重心的转换能力。

学练方法：

(1)基本站姿，两脚开立，与肩同宽。

(2)右脚脚尖向前擦地出，右脚踩平，重心从左脚移到中间。

(3)擦回右脚至开始时的脚位。
(4)左脚重复动作(2)、(3)。
(5)双脚交替,反复多次练习。

(二)蹲的重心移动

在蹲的同时移动重心,提高舞者在蹲的条件下的重心转换能力。

学练方法:
(1)基本站姿,两脚开立,与肩同宽。
(2)向下半蹲,向左前方放松身体,抬右腿。
(3)放下右腿,半蹲状态,向右前方放松身体,抬左腿。
(4)放下左腿,半蹲状态。
(5)双脚交替,反复多次练习。然后恢复站姿。

(三)舞姿的重心移动

在舞姿过程中完成一个重心向另一重心的转换,通过练习提高舞者的变化舞姿中轻松自如转换重心的能力。

学练方法:
(1)基本站姿,两脚开立,与肩同宽。
(2)双手从旁划到上。身体从一点方向变到七点方向,双手从头顶交叉放松至两侧;左脚直立,右腿抬起,脚离地,重心由双腿换至左腿。
(3)右腿后撤,双手平举,重心置于身体中间。
(4)抬左脚,后撤成弓箭步,重心移至右腿。

(四)失控的重心移动

通过训练提高舞者在失控动作的状态下的重心移动能力。
学练方法:
(1)基本站姿,两脚开立,与肩同宽。
(2)身体前靠,迈出左腿,变为左腿重心。抬右腿,身体回到中间,重心移至右腿。

(3)右腿旁撤步,身体留在左边,重心移回左边。

(4)还原初始站姿。

(5)左脚前踏,重心在中间。

(6)右脚抬起,重心移至左脚。放下右脚,左脚后撤,重心回到中间。

四、跳跃动作的舞步学练

(一)单一性跳跃

训练舞者腿部肌肉能力,帮助舞者掌握跳跃时借地发力原理,提高舞者的爆发力。

学练方法:

(1)基本站姿,两脚开立,与肩同宽,面向一点方向。

(2)双手带动身体,腿半蹲向上跳跃,空中姿态为手与肩齐平,身体直立。

(3)双手带动身体,以左脚为主力腿跳跃,右腿在空中伸直与身体成90°,左腿屈,双手向上,身体直立。

(二)移动性跳跃

在跳跃中移动重心,训练舞者的身体协调性、控制力。

学练方法:

(1)右脚上步跳跃,双手带动身体变化方向,左脚随体转向各个方向各做一次。

(2)原地跑步开始,逐渐变成跳,跑跳完两步,接着跳起,两腿回收,双手带着向上。

(三)连续跳跃

单一跳的复合练习,提高舞者从一种跳跃到另一跳跃的流畅

第五章 体育舞蹈基础技法健身学练指导

性及用力方式。

学练方法：

(1)双脚起跳，双臂上带，空中收腿低头含胸；落地，右脚上跳，双手带起至头顶，吸右腿，直左腿。

(2)上右脚起跳，双手带起至头顶，吸右腿，直左腿；落地，双手后带起至头顶，双脚后跳。

(3)双脚左跳，双手旁挥举至头顶；落地，左脚起跳，右脚右跳，身体在空中呈"大"字。

(四)技巧跳跃

提高舞者的舞蹈专业跳跃技巧。

学练方法：

(1)双手带动，右脚上跳，双手举至头顶，吸右腿，直左腿。

(2)落地，双脚再次起跳，双手向身体两侧划圆至头顶带起身体左旋一周。

(3)双手向后带起至头顶，双脚带动身体后跳；落地，右脚前上步，左腿起跳抬起至 90°时，双手带体右旋 180°。

(4)左脚前上起跳，吸右腿，双手向左带起身体旋转 360°，空中姿态为双腿与膝盖齐平吸住。

第六章 体育舞蹈细分舞种健身学练指导

体育舞蹈经过不断地演变、发展与完善,到现在已经形成了丰富的舞蹈内容体系。体育舞蹈的内容可以大致分为摩登舞、拉丁舞、队列舞三大部分,前两种是体育舞蹈运动者接触较多的舞系,可细分为华尔兹、探戈、快步舞、狐步舞、维也纳华尔兹(隶属于摩登舞系)和伦巴、恰恰恰、桑巴、牛仔舞、斗牛舞(隶属于拉丁舞系)共计十个舞种。不同的体育舞蹈的舞种具有不同的运动风格、特点与文化内涵,能充分满足不同的体育舞蹈运动爱好者的健身学练需求。本章着重就体育舞蹈的两个主要舞系的十个舞种的基础性舞蹈舞步技术动作进行解析,以为体育舞蹈运动者参考学练提供实践指导。

第一节 摩登舞

摩登舞(Modern dancing)是体育舞蹈的一个项目群,摩登舞的移动性非常强,摩登舞参与中,运动者在音乐的伴奏下通过脚下灵活的舞步实现整个形体的移动,形体移动要求舞姿优美,身体各部位协调用力,配合脚步,是一种惯性移动,要求垂直稳定,轻快流畅。本节就摩登舞的各细分舞种,即华尔兹、探戈、快步舞、狐步舞、维也纳华尔兹的舞步技术动作学练进行具体分析。

一、华尔兹舞步学练

华尔兹(Waltz),又称"圆舞""慢华尔兹""慢三步",是表现爱情的一种娱乐性舞种,动作流畅,旋转性强,升降、摆荡、反身、倾斜融为一体,舞者多身着华丽的服装,在优美的音乐伴奏下翩翩起舞,温馨又浪漫。

华尔兹基本健身舞步学练内容与方法具体如下:

(一)前进步

华尔兹前进步的基本舞步如图6-1所示。

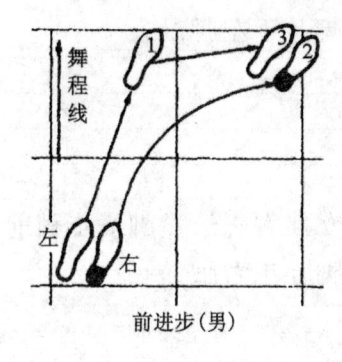

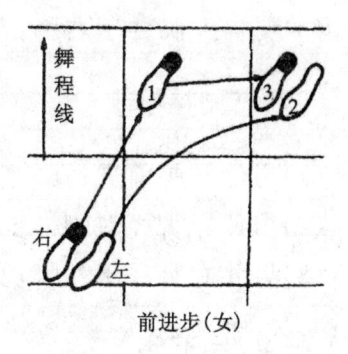

图 6-1

(1)男伴左足前进;女伴右足后退。
(2)男伴右足横步;女伴左足横步。
(3)男伴左足并于右足;女伴右足并于左足。

(二)换并步

华尔兹换并步的基本舞步如图6-2所示。

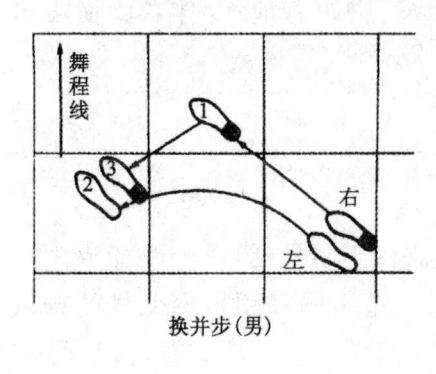

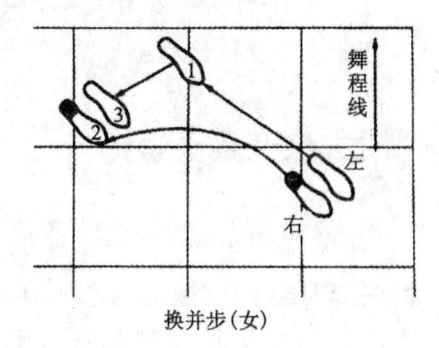

图 6-2

(1)男伴右足前进;女伴左足后退。

(2)男伴左足前进横步;女伴右足后退横步。

(3)男伴右足并步;女伴左足并步。

(三)左脚并换步

(1)男伴左脚前进;女伴右脚后退。

(2)男伴右脚经左脚横步稍前;女伴左脚经右脚横步稍后。

(3)男伴左脚并于右脚;女伴右脚并于左脚。

(四)右脚并换步

(1)男伴右脚前进;女伴左脚后退。

(2)男伴左脚经右脚横步稍前;女伴右脚经左脚横步稍前。

(3)男伴右脚并于左脚;女伴左脚并于右脚。

(五)侧行追步

侧行追步共有四步,由开式舞姿开始,节奏为1、2、&、3。

(1)男伴右脚进,交叉于反身动作位置;女伴左脚进,交叉于反身动作位置,左转。

(2)男伴左脚横步;女伴右脚横步,1～2转1/8周。

(3)男伴左脚并于右脚;女伴左脚并于右脚,2～3转1/8周,身体稍转。

(4)男伴右脚横步稍后,先脚掌后脚跟着地;女伴右脚横步稍后,先脚掌后脚跟着地。

二、探戈舞步学练

探戈舞(Tango)起源于非洲,流行于阿根廷,后经改变成为一种国标舞蹈(国标探戈与阿根廷探戈是不同舞蹈),探戈舞的舞风刚劲,舞蹈动作具有瞬间停顿特征,脚下动作干净利落,快慢相间,步步为营,身体方向与舞步移动方向相反(反身动作位)。

探戈舞步动作学练内容与方法如下：

(一)常步

S——男伴面向斜墙壁,左脚前进;女伴右脚后退。

S——男伴右脚前进,右肩引导左转 1/8 周;女伴左脚后退,左肩引导左转 1/8 周。

Q——男伴左脚前进开始右转;女伴右脚后退开始右转。

Q——男伴右脚跟上成基本站位姿势,右转 1/8 周;女伴左脚跟上,右转 1/8 周。

(二)快四步

Q——男伴左脚前进;女伴右脚后退。

Q——男伴左脚横步稍后左转 1/8 周;女伴左脚横步稍前左转 1/8 周。

Q——男伴左脚后退;女伴右脚外侧前进。

Q——男伴右脚后退并于左脚,身体面向斜墙壁指向斜中央,右转 1/8 周;女伴左脚前进并于右脚,重心在左脚,身体面向中央指向斜中央,右转 1/8 周。

(三)并式侧行步

S——男伴左脚横步侧行,指向斜墙壁;女伴右脚在侧行位置下横步,指向斜中央。

Q——男伴右脚在侧行位置及反身位置交叉前进,方位同 S;女伴左脚在侧行位置及反身位置下交叉前进,方位同 S,左转 1/4 周。

Q——男伴左脚横步稍前指向斜墙壁;女伴右脚横步稍后。

S——男伴右脚并于左脚稍后,面向斜墙壁;女伴左脚并于右脚稍前。

(四)后退截步

Q——男伴右脚沿左肩后退,掌跟;女伴左脚反身前进,跟掌。

Q——男伴左脚横步稍前,左转 1/4 周;女伴右脚横步稍后,左转 1/4 周。

S——男伴右脚并于左脚,跟掌;女伴左脚并于右脚,全脚。

(五)左足摇步

(1)男伴重心移至左脚,掌跟;女伴相反。

(2)男伴重心移至右脚,跟掌;女伴相反。

(3)男伴左脚后退,掌跟;女伴相反。

(六)换步五步

Q——男伴左脚前进,左转 3/4 周;女伴右脚后退,左转 1/2 周。

Q——男伴右脚横步稍后,背向舞程线;女伴左脚横步稍前指向舞程线。

S上半拍——男伴左脚后退背向斜中央;女伴右脚外侧前进。

S下半拍——男伴右脚后退成 P.P. 舞姿,背向斜中央;女伴左脚前进背向另外一条舞程线的斜墙壁。

S——男伴左脚脚尖点地,面向另外一条舞程线的斜墙壁;女伴右脚点地成 P.P. 舞姿。

三、快步舞舞步学练

快步舞,因步子快而得名,顾名思义,舞蹈动作轻快灵活,快速多变,其强烈的动力感和表现力可令健身过程更具艺术和时尚感,且舞步轻盈跳跃,充满青春活力,与其他摩登舞种相比,在相同的健身时间内可收到更好的健身效果。

(一)直行追步

舞步技术动作共四步,节奏为 S、Q、Q、S。

(1)男伴右脚后退,左转,掌跟;女伴左脚前进,左转,跟掌。

(2)男伴左脚横步,1～2转1/4周,身体稍转,掌;女伴右脚横步,1～2转1/8周,身体稍转,掌。

(3)男伴右脚并于左脚,掌;女伴左脚并右脚,掌。

(4)男伴左脚横步稍前,掌跟;女伴右脚横步稍后,掌跟。

(二)追步左转

舞步技术动作共三步,节奏为 S、Q、Q。

(1)男伴左脚前进,开始左转,跟掌;女伴右脚后退,开始左转,掌跟。

(2)男伴右脚横步,1～2步转 1/8 周,全掌;女伴左脚横步,1～2步转 1/4 周,全掌。

(3)男伴左脚并右脚,2～3步转 1/8 周,全掌;女伴左脚并右脚,全掌。

(三)前进锁步

前进锁步有四步,节奏为 S、Q、Q、S。

(1)男伴在反身动作及外侧舞伴位置中,右脚前进,跟掌;女伴在反身动作位置中左脚后退,掌跟。

(2)男伴左脚前进稍向左,掌;女伴右脚后退,掌。

(3)男伴右脚交叉于左脚后,掌;女伴左脚交叉于右脚后,掌。

(4)男伴左脚前进稍向左,掌跟;女伴右脚后退稍向右,掌跟。

(四)后退锁步

舞步动作共四步,节奏为 S、Q、Q、S。

(1)男伴在反身动作位置中,左脚后退,掌跟;女伴在反身动作及外侧舞伴位置中,右脚前进,跟掌。

(2)男伴右脚后退,掌;女伴左脚前进稍向左,掌。

(3)男伴左脚右脚后交叉,掌;女伴右脚左脚后交叉,掌。

(4)男伴右脚后退稍向右,掌跟;女伴左脚前进稍向左,掌跟。

(五)右转踌躇步

右转踌躇步的舞步动作共有六步,节奏为 S、Q、Q、S、S、S。

(1)男伴右脚前进,开始右转,跟掌;女伴左脚后退,开始右转,掌跟。

(2)男伴左脚横步,1～2 转 1/4 周,掌;女伴右脚横步,1～2 转 3/8 周,身体稍转,掌。

(3)男伴右脚并于左脚,2～3 转 1/8 周,掌;女伴左脚并于右脚,身体完成转动,掌跟。

(4)男伴左脚后退,继续右转,掌跟;女伴右脚前进,继续右转,跟掌。

(5)男伴右脚横步(拉脚跟),4～5 转 3/8 周,脚内缘全脚;女伴左脚横步,4～5 转 3/8 周,掌跟。

(6)男伴左脚并右脚,不置重量,不转,左脚掌内缘;女伴右脚并左脚,不置重量,不转,脚内侧。

(六)V—6 步

V—6 步有七步,节奏为 S、Q、Q、S、S、Q、Q。

(1)男伴左脚后退,掌跟;女伴右脚前进,跟掌。

(2)男伴右脚后退右肩引导,掌;女伴左脚前进左肩引导,掌。

(3)男伴左脚交叉于右脚前,掌;女伴右脚交叉于左脚前,掌。

(4)男伴右脚后退,掌跟;女伴左脚前进准备向外侧,掌跟。

(5)男伴在反身动作位置中左脚后退,掌跟;女伴在反身动作及外侧舞伴位置中右脚前进,跟掌。

(6)男伴右脚后退,开始向左转,掌;女伴左脚前进,开始向左转,掌。

(7)男伴左脚横步稍前,6～7 转 1/4 周,身体稍转,掌跟;女伴右脚横步稍后,掌跟。

四、狐步舞舞步学练

狐步舞(Fox trot)起源于西方黑人舞蹈,后发展成为西方上流社会婚典、宴会上的交际舞蹈,往往作为舞会上的第一支舞出现,步法轻柔、动作流畅,舞步平稳,上身动作多变,脚下舞步技术动作大量运用了足跟旋转,舞蹈特性突出,整个舞蹈具有流动感强、动作轻盈、舒展流畅的特点。

(一)三步

闭式位舞姿(男伴面向斜墙,女伴背向斜墙)开始,舞步动作具体如下:

(1)男伴面向斜墙壁,左脚向前,有反身动作;女伴背向斜墙壁,右脚后退,有反身动作。

(2)男伴右脚向前;女伴左脚向后。

(3)男伴左脚向前;女伴右脚向后。

(二)左转步

闭式位舞姿(男伴面向斜中央,女伴背向斜中央)开始,舞步动作具体如下:

(1)男伴面向斜中央,左脚向前,左转,有反身动作;女伴背向斜中央,右脚向后,左转,有反身动作。

(2)男伴右脚向侧,1、2步间左转1/4周,背向斜壁;女伴左脚并向右脚(跟转),1、2步间左转3/8周,面向舞程线。

(3)男伴左脚向后,2、3步间左转1/8周,背向舞程线;女伴右脚向前,不转。

(4)男伴右脚向后,方位不变,继续转向左;女伴左脚向前,方位不变,继续转向左。

(5)男伴左脚向侧稍向前,4、5步间左转3/8周,指向斜墙,身体转少些;女伴右脚向侧,4、5步间左转1/4周,背向墙,身体转少些。

(6)男伴右脚向前成CBMP到舞伴外侧,不转动,结束于面向斜墙;女伴左脚向后成CBMP,5、6步间左转1/8周,结束于背向斜墙。

(三)右转步

闭式位舞姿(男伴面向斜墙,女伴背向斜墙)开始,舞步动作具体如下:

(1)男伴面向斜墙壁,右脚向前,开始转向右,有反身动作;女伴背向斜墙,左脚向后,开始转向右,有反身动作。

(2)男伴左脚向侧,1、2步间右转1/4周,背向斜中央;女伴右脚并向左脚,1、2步间右转3/8周,面向舞程线。

(3)男伴右脚向后,2、3步间右转1/8周,背向舞程线;女伴左脚向前,不转。

(4)男伴左脚向后,方位不变,继续转向右,有反身动作;女伴右脚向前,方位不变,继续转向右,有反身动作。

(5)男伴右脚向侧小步(跟拖),4、5步间右转3/8周,面向斜中央;女伴左脚向侧右脚刷向左脚,4、5步间右转3/8周,背向斜中央。

(6)男伴左脚向前,不转动,方位不变,有反身动作;女伴右脚刷步经过左脚向后,不转动,方位不变,有反身动作。

(四)换向步

闭式位舞姿(男伴面向斜墙,女伴背向斜墙)开始,舞步动作具体如下:

(1)男伴面向斜墙,左脚向前,开始转向左,有反身动作;女伴背向斜墙壁,右脚向后,开始转向左,有反身动作。

(2)男伴右脚斜向前,右肩引导左脚并向右脚稍向前无重力,1~2步左转1/4周,面向斜中央;女伴左脚斜向后,左肩引导并且右脚并向左脚稍向后无重力,1~2步左转1/4周,背向斜中央。

(3)男伴左脚向前成CBMP,不转;女伴右脚向后成CBMP,不转。

(五)羽毛步

预备姿势:闭式位。

(1)男伴右脚向前;女伴左脚后退。

(2)男伴左脚向前左肩引导,不转;女伴右脚向后右肩引导,不转。

（3）男伴右脚向前成反身动作位（CBMP）到舞伴外侧；女伴左脚向后成 CBMP。

五、维也纳华尔兹舞步学练

维也纳华尔兹（Viennese Waltz），又称"快华尔兹""快三步"，速度比华尔兹快一倍，旋转性更强，其动作优美、舒展，节奏轻松明快，音乐为圆舞曲。

（一）1/4 转身

舞步技术动作如图 6-3 所示。

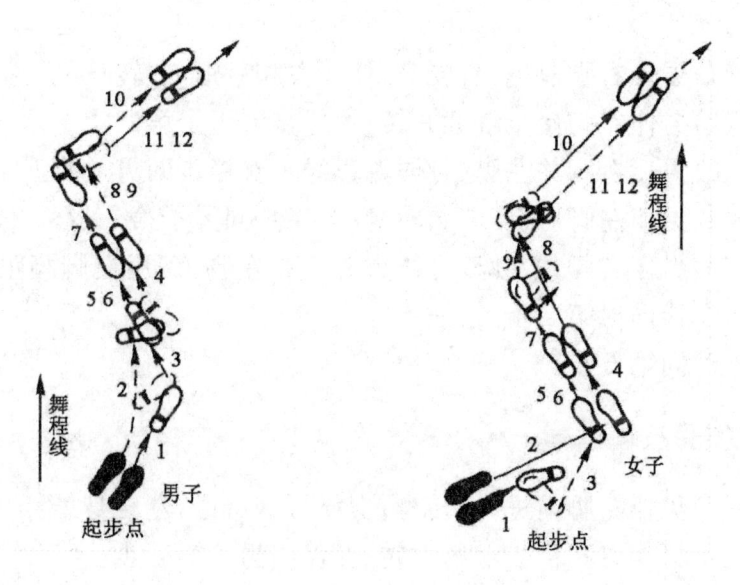

图 6-3

（1）男伴右脚前进向右转身，女伴左脚后退向右转身（快）。
（2）男伴左脚小步继续右转，女伴右脚后退（快）。
（3）男伴右脚并左脚（由面对右角变为背向左角），女伴左脚并右脚（快）。
（4）男伴左脚后退，女伴右脚前进向左转身（快）。

(5)男伴右脚退后靠拢左脚,女伴左脚前进靠近右脚(快)。

(6)男伴右脚靠在左脚上面,重心仍在左脚;女伴左脚靠在右脚上(快)。

(7)男伴右脚后退向左转身,女伴左脚傍步(快)。

(8)男伴左脚靠着右脚,右脚用脚跟向左转身;女伴右脚傍步(快)。

(9)男伴由背向左角变为面对右角,女伴左脚并右脚(快)。

(10)男伴左脚前进,女伴右脚后退(快)。

(11)男伴右脚前进靠拢左脚,女伴左脚后退靠拢右脚(快)。

(12)男伴右脚靠在左脚上,但重心仍在左脚上面;女伴左脚靠在右脚上(快)。

(二)右转

(1)男伴右脚前进,右转身;女伴左脚后退,右转身。

(2)男伴左脚傍步继续右转;女伴步同男子第四步。

(3)男伴右脚并左脚(背向舞程线);女伴步同男子第五步。

(4)男伴左脚后退,向右转身;女伴步同男子第一步。

(5)男伴右脚并左脚,身体重心仍在左脚上,用左脚脚跟向右转身;女伴同男第二步、第三步。

(6)同第五步。

(三)左转

(1)男伴左脚前进,左转身;女伴右脚后退,左转身。

(2)男伴右脚傍步继续左转;女伴同男子第五步。

(3)男伴左脚并右脚(背向舞程线);女伴同男子第六步。

(4)男伴右脚后退,左转身;女伴左脚前进,左转身。

(5)男伴左脚并右脚,重心在左脚,右脚脚跟左转135°;女伴同男第三步、第四步。

(6)同第五步。

(四)交叉左转

舞步动作如图 6-4 所示。

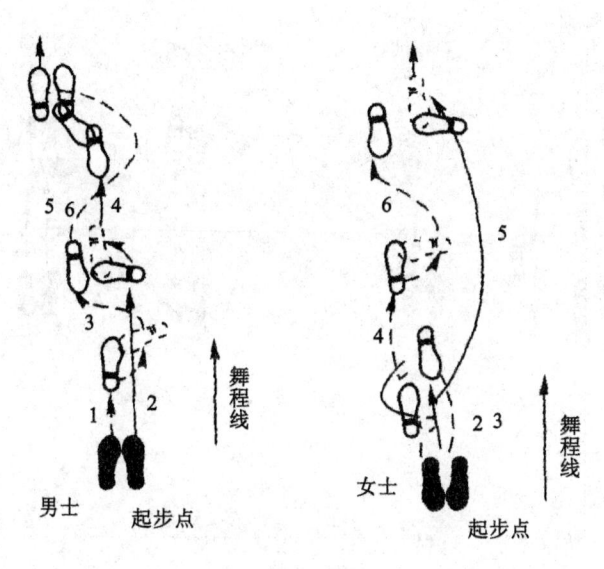

图 6-4

(1)男伴左脚进,左转身;女伴右脚后,左转身(快)。
(2)男伴右脚傍步,左转;女伴同男第五步(快)。
(3)男伴左脚交叉,右脚在后(背向舞程线);女伴同男第六步(快)。
(4)男伴右脚退,左转身;女伴左脚进,左转身(快)。
(5)男伴左脚并右脚,右脚脚跟向左转 180°;女伴脚步同男第二、三步(慢)。
(6)同第五步(慢)。

(五)蹉跎步

舞步动作如图 6-5 所示。
(1)男伴右脚进,女伴左脚退(快)。
(2)男伴右脚进并右脚,女伴右脚退靠左脚(快)。
(3)男伴左脚靠右脚,女伴右脚靠左脚(快)。

(4)男伴左脚进,女右脚退(快)。

(5)男伴右脚进靠左脚,女伴左脚退靠右脚(快)。

(6)男伴右脚靠左脚,女伴左脚靠右脚(快)。

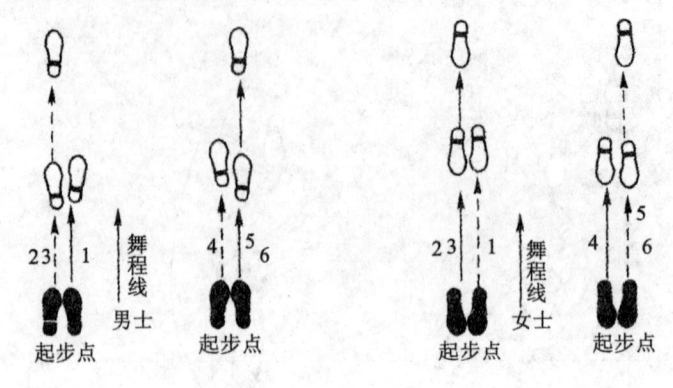

图 6-5

第二节 拉丁舞

拉丁舞(Latin dance),全称为"拉丁美洲舞",是体育舞蹈的一个重要的舞系,是由流行于拉丁美洲的民间舞蹈演变发展而来的,它共包括五个具体的舞种:伦巴舞、恰恰恰、桑巴、牛仔舞、斗牛舞。这些舞种起源于不同的国家和民族,具有不同的民族文化风格,个性鲜明,舞蹈动作热情、表达情感直率自由,以其独特的运动魅力风靡世界。

一、伦巴舞步学练

伦巴舞(Rumba)被誉为"拉丁之魂",是典型的拉丁舞蹈,是早期被贩卖到美洲的非洲黑奴舞蹈与当地舞蹈结合而流行,在20世纪初发展成为一种独立的舞蹈形式,具有柔媚抒情、舒展优美、婀娜多姿的风格特点,表现男女之间浪漫情感,舞蹈技能不强调大幅度的移位,但仍具有较强的健身效果。

第六章 体育舞蹈细分舞种健身学练指导

(一)基本舞步

伦巴舞的基本舞步技术动作如图 6-6 所示。

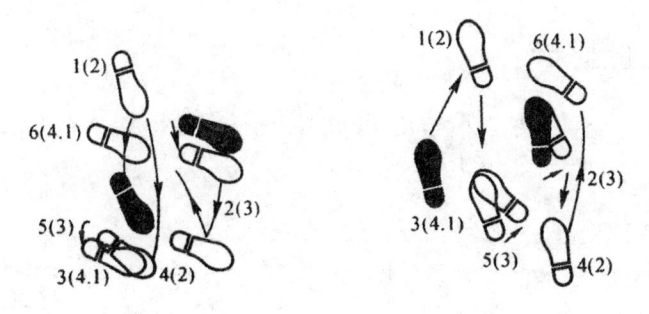

图 6-6

(1)男伴左足前进,胯左后摆转(前脚掌平面);女伴右足后退,髋右后摆转(重心外展)。

(2)男伴重心移至右足,胯右后摆转;女伴重心前移至左足,胯左后摆转。

(3)男伴左足横步稍后,胯经前向左后摆转;女伴右足横步稍前,胯经前向右后摆转。

(二)扇形步

该舞步动作共 1 小节 3 步,如图 6-7 所示。

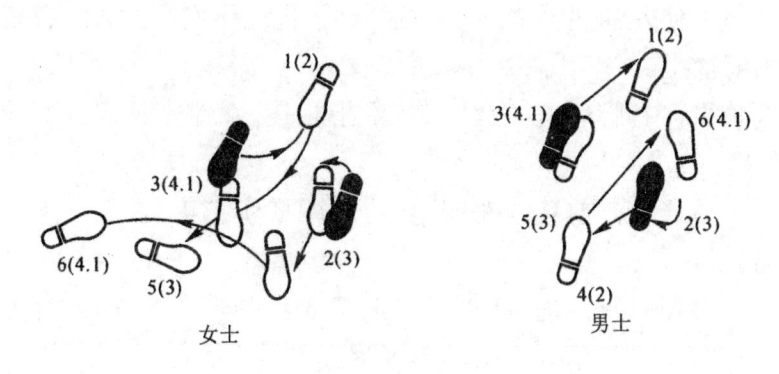

女士　　　　　　　　男士

图 6-7

(1)男伴右脚后退;女伴左脚前进,准备向左转。

(2)男伴重心前移至左脚,右手带领女伴左转;女伴上右脚准备左转,右脚后退。

(3)男伴右脚与女伴分离,左手握女伴右手;女伴左脚后退;男伴重心移至右脚,摆右胯;女伴重心移至左脚,右胯摆转。

(三)曲棍步

该舞步动作共2小节6步,如图6-8所示。

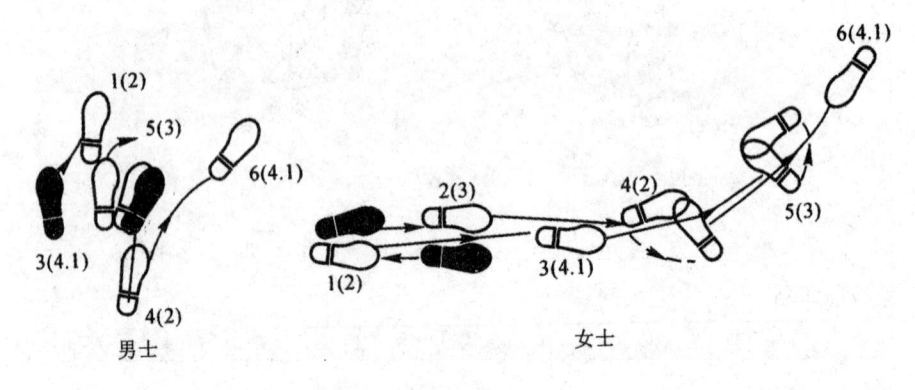

图 6-8

(1)男伴左脚前进;女伴右脚收并左脚,拧胯,重心移至右脚收腹上提,两脚相夹。

(2)男伴重心后移至后脚,收腹上展;女伴左脚前进,手臂打开。

(3)男伴左脚并右脚,左手拇指向下锁住女伴;女伴右脚前进,手臂前上。

(4)男伴右脚后退,右转25°,手指相接;女伴左脚向左斜出前25°前进。

(5)男伴重心前移至左脚;女伴右脚横步稍前,左转5/8周与男伴相对位。

(6)男伴右脚前进,从第4步至第6步共转1/8周;女伴左脚后退,从第4步至第6步共转5/8周。

(四)右分展步

该舞步动作共1小节3步,如图6-9所示。

160

(1)男伴左脚横步稍前,右手扶着女伴(腰有力度);女伴右脚后退,右脚转1/2周。

(2)男伴重心移至右脚;女伴重心移至左脚,左转1/4周。

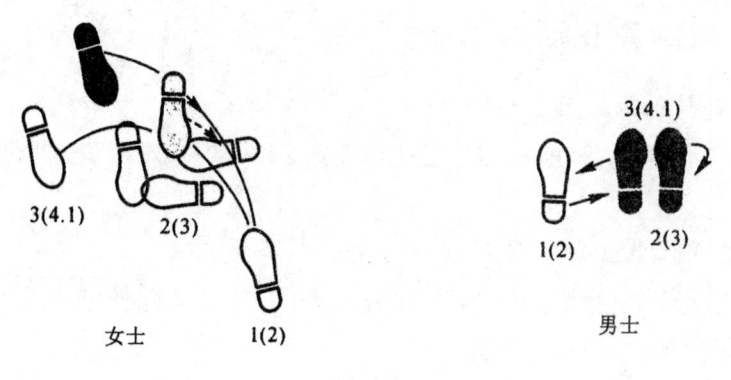

图 6-9

(3)男伴左脚并右脚;女伴右脚横步,向左转与男伴合成闭式舞姿。

(五)螺旋步

舞步动作如图 6-10 所示。

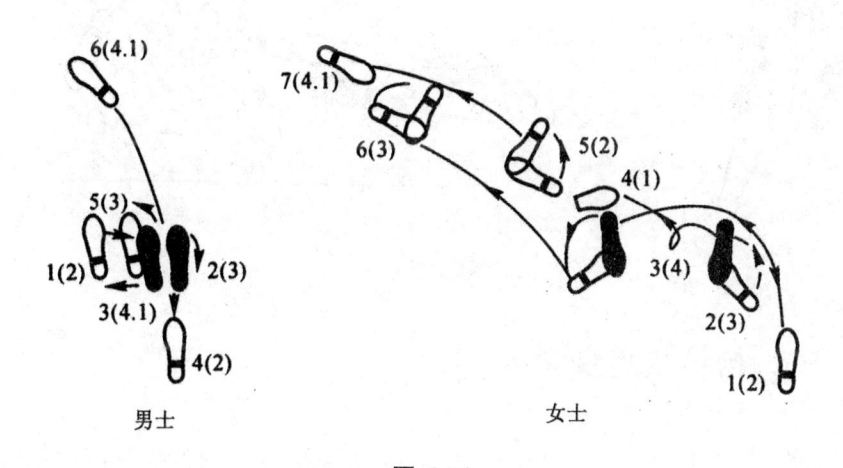

图 6-10

(1)男伴左脚踏步,左转1/8周;女伴右脚退,右转3/8周。
(2)男伴重心移右脚;女伴重心移至左脚。

(3)男伴开右脚,重心移向左脚,节奏4.1,引女伴旋转;女伴右脚斜叉在左脚前,右脚左拧转,从3到4.1共转360°后,右脚交叉左脚前。

(六)阿莱曼娜

从扇形舞姿开始(图6-11)。

(1)男伴左脚前进半重心;女伴右脚掌向左脚并步,脚跟踏下拧胯。

(2)男伴重心移右脚,退步;女伴左脚进。

(3)男伴左脚并右脚,手过头成30°角;女伴右脚进靠男伴,在1的后半拍(&)时略右转。

(4)男伴右脚退;女伴以右脚为轴,向男左臂下转1/4周左脚在前。

(5)男伴重心移左脚;女伴左脚右转1/4周,右脚进。

(6)男伴右脚并左脚;女伴左脚进,右转1/4周。

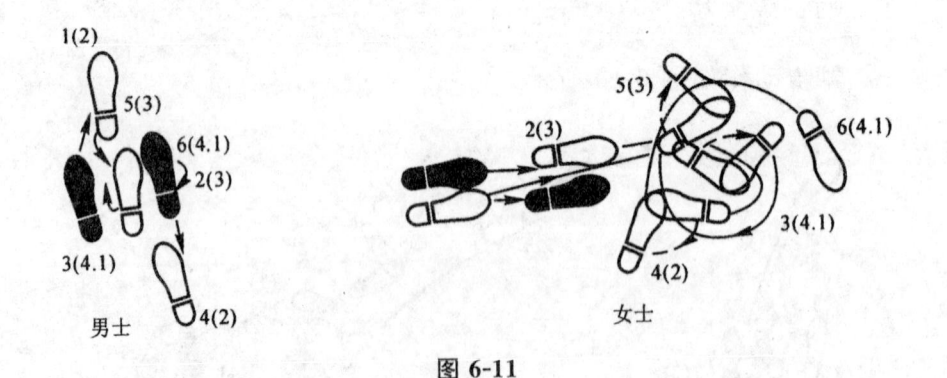

图 6-11

二、恰恰恰舞步学练

恰恰恰(Chachacha)是拉丁舞中最年轻的一种舞蹈,强调线条拉伸的优美,胯部的扭摆不强调大和多,而是强调自然、顺畅,风格诙谐俏皮,舞步利落花俏,有很多模仿企鹅的动作。是现代年轻人喜爱的塑型修身的健身体育舞蹈项目之一。

(一)基本舞步

共 5 步,初学者可先不加胯部技术动作(图 6-12、图 6-13)。

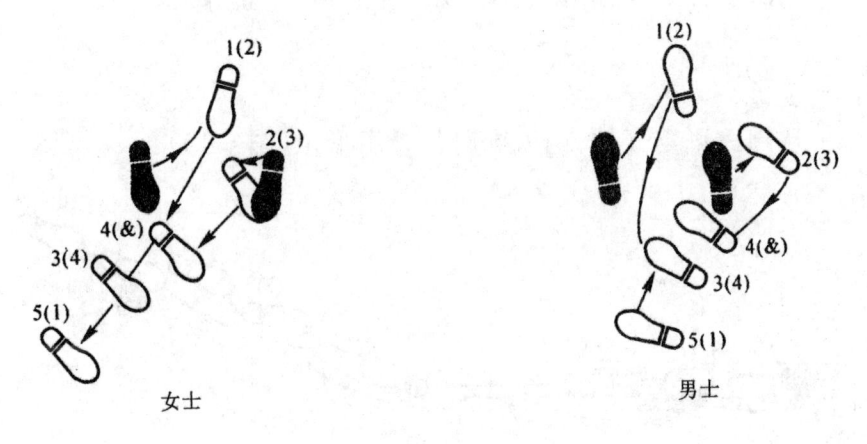

女士　　　　　　　　　男士

图 6-12

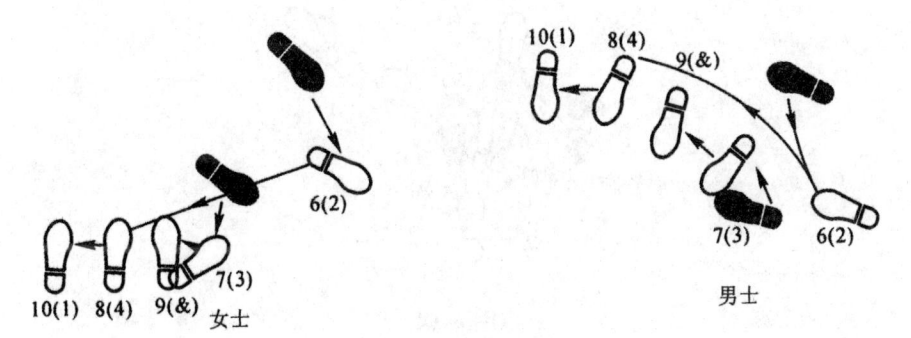

女士　　　　　　　　　男士

图 6-13

(1)男伴左脚前进;女伴右脚后退,步子稍小些,身体上展。
(2)男伴重心移回右脚;女伴重心移回左脚。
(3)男伴左脚横步;女伴右脚横步。
(4)男伴右脚向左并步,屈膝;女伴左脚向右并步,屈膝。
(5)男伴左脚横步,直膝;女伴右脚横步,直膝。
(6)男伴右脚后退;女伴左脚前进。
(7)男伴左脚原地踏一步;女伴右脚原地踏一步。

(8)男伴右脚横步;女伴左脚横步。

(9)男伴左脚向右并步,踮脚跟双膝稍弯;女伴右脚向左并步,踮脚跟,双膝稍弯。

(10)男伴右脚横步,直膝;女伴左脚横步,直膝。

(二)扇形步

从闭式舞姿开始,两人同时打开扇形位(图 6-14)。

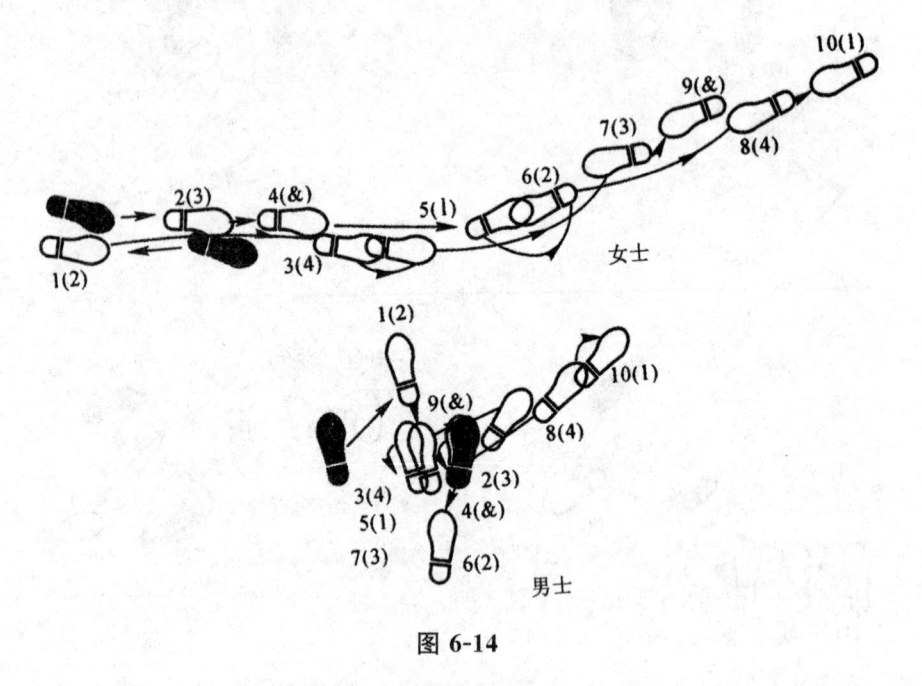

图 6-14

(1)手臂握持,运步过程中,手保持张力和拉力。
(2)同基本步的前半部分,女伴后退时在男伴拉力下上展。
(3)横步动作尽可能小,可稍休息。
(4)上身与下身感受保持一致,根据音乐决定舞步大小和轻重。
(5)男伴手臂向上做扇形步引导,有返身动作。
(6)男伴右脚后退,右转 1/8 周;女伴左脚前进。
(7)男伴左脚原地踏一步,左转 1/4 周;女伴右脚横步稍后,左转。

(8)男伴右脚横步;女伴左脚后退。

(9)男伴左脚并右脚,手臂在胸前向外展;女伴右脚并左脚。

(10)男伴右脚横步,稍前,打开成扇形步;女伴左脚横步,稍前。

(三)纽约步

舞步动作如图 6-15 所示。

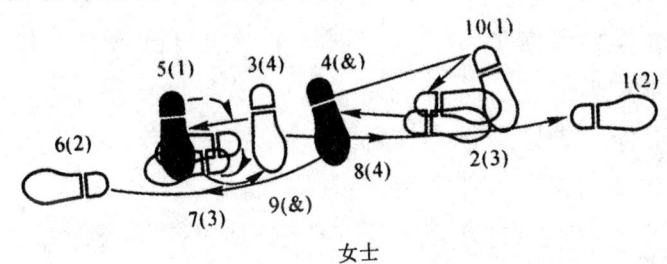

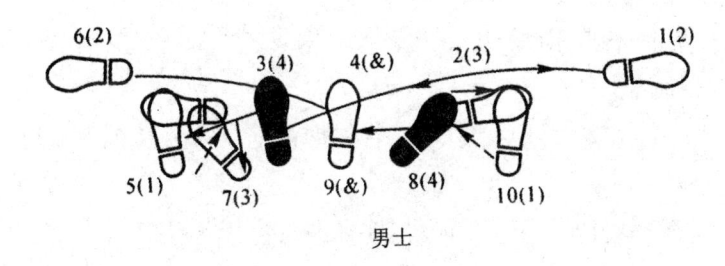

图 6-15

(1)男伴右转 1/4,左脚前进,左肩并肩位;女伴左转 1/4,右脚前进,右肩并肩位。

(2)男伴右脚原地踏一步,后半拍准备左转;女伴左脚原地踏一步,后半拍准备右转。

(3)男伴左转 1/4,左脚横步;女伴右转 1/4,右脚横步。

(4)男伴右脚并左脚;女伴左脚并右脚。

(5)男伴左脚横步,直膝,准备左转;女伴右脚横步,直膝,准备右转。

(6)男伴左转 1/4,右脚前进,右肩并肩位;女伴右转 1/4,左脚前进,右肩并肩位。

(7)男伴左脚原地踏一步,后半拍准备右转;女伴右脚原地踏一步，后半拍准备左转。

(8)男伴右转 1/4，右脚横步；女伴左转 1/4，左脚横步。

(9)男伴左脚并右脚；女伴右脚并左脚。

(10)男伴右脚横步，直膝；女伴左脚横步，直膝。

(四)套锁转

舞步动作如图 6-16 所示。

(1)男伴左脚横步，右转 1/8 周，左手向自己头右方带领女伴绕转；女伴右脚前进。

(2)男伴右脚原地重心，略向左转，左手经自己头上方带领女伴绕转；女伴左脚向男伴身后前进，右转。

(3)男伴左脚原地小踏一步，身体稍左转，手继续带女伴走；女伴右脚前进向男伴身后绕走。

(4)男伴右脚稍后退，左转 1/8 周，左手放平；女伴左脚向前踏在右脚后。

(5)男伴左脚原地重心；女伴右脚前进，从男伴身后向男伴左侧行进。

(6)男伴右脚后退；女伴左脚前进，继续绕行。

(7)男伴左脚原地重心；女伴右脚向男伴身前行进。

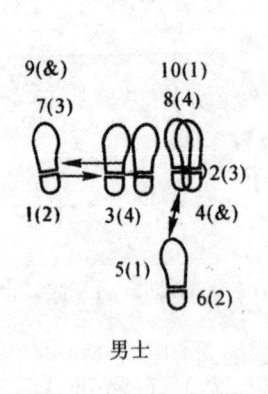

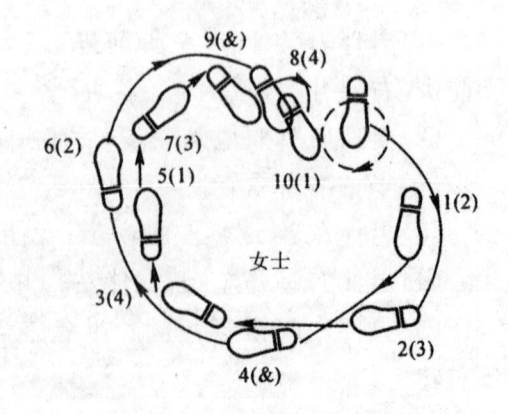

图 6-16

（8）男伴右脚横步接左脚半并右脚；女伴左脚后退,接右脚半并左脚。

（9）男伴右脚横步接左脚半并右脚；女伴左脚后退,接右脚半并左脚。

（10）男伴右脚横步；女伴左脚横步。

(五)右陀螺转

舞步如图 6-17 所示。

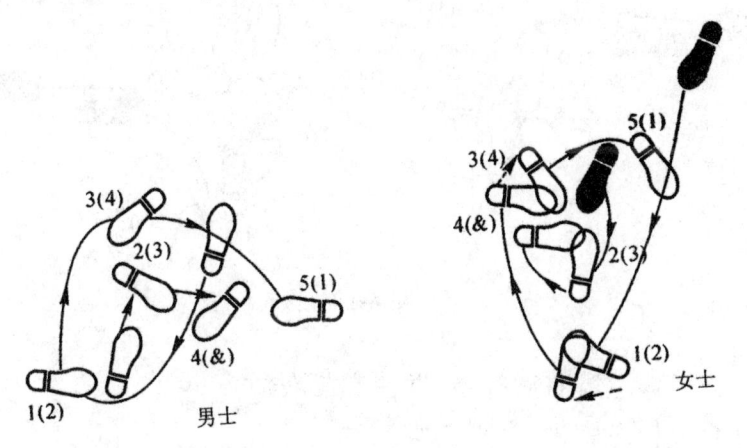

图 6-17

（1）男伴右脚掌踏在左脚后,左脚掌右转；女伴左脚掌横步向右转。
（2）男伴左脚横步,右转；女伴右脚左脚前交叉,右转。
（3）男伴同第 2 步,右转；女伴右转。
（4）男伴同第 3 步,右转；女伴右转。
（5）男伴右脚横步,右转一周；女伴同第 2 步,右转一周。

三、桑巴舞步学练

桑巴舞(Samba)起源于非洲,形成于巴西,是巴西特色民族舞蹈,舞蹈热情奔放,富有动感,有较多的弹跳动作,而且,在舞蹈过程中,运动者需要不停地游走、移位,具有良好的健身燃脂效果。

(一)原地桑巴步

舞步动作如图 6-18 所示。

(1)男伴左脚进；女伴右脚进。

(2)男伴右脚后退，重心半移至右脚；女伴相反。

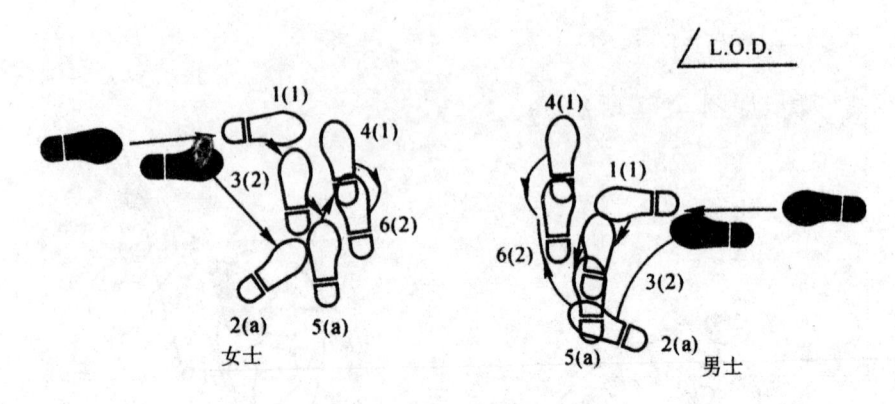

图 6-18

(3)男伴左脚右后拖步；女伴右脚左后拖步。

(4)男伴右脚进；女伴左脚进。

(5)男伴左脚退直后撑；女伴右脚退直后撑。

(6)男伴右脚向左后拖步；女伴左脚向右后拖步。

(二)左进基本步

舞步动作如图 6-19 所示。

(1)男伴左脚进；女伴右脚退，屈膝。

(2)男伴右脚掌并左脚，直膝；女伴左脚掌并右脚，直膝。

(3)男伴重心移左脚，屈膝；女伴重心移右脚，屈膝。

(4)男、女伴直膝。

(5)男伴右脚退，屈膝；女伴左脚进，屈膝。

(6)男伴左脚并右脚，屈膝；女伴右脚并左脚，屈膝。

(7)男伴重心移右脚，屈膝；女伴重心移左脚，屈膝。

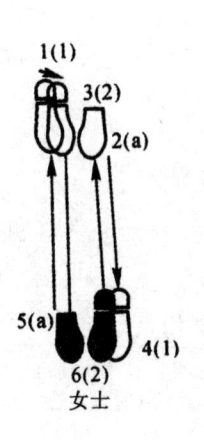

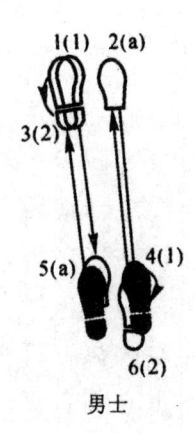

图 6-19

(三)右进基本步

舞步如图 6-20 所示。

(1)男伴左脚退,屈膝;女伴右脚进,屈膝。
(2)男伴右脚并左脚,直膝;女伴右脚进,直膝。
(3)男伴重心移至左脚;女伴重心移至右脚。
(4)男伴右脚进,屈膝;女伴左脚进,屈膝。
(5)男伴左脚并右脚,直膝;女伴右脚并左脚,直膝。
(6)男伴重心移右脚,屈膝;女伴重心移左脚,直膝。

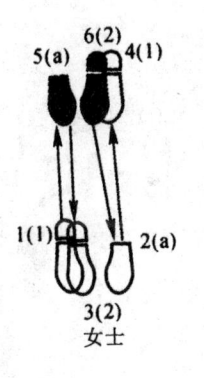

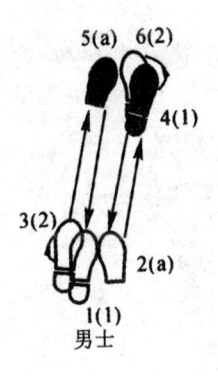

图 6-20

(四)叉形步

舞步如图 6-21 所示。

(1)男伴左脚横步;女伴右脚横步。
(2)男伴在左脚跟后右脚点踏;女伴相反。
(3)男伴重心移左脚,屈膝;女伴重心移至右脚,屈膝。
(4)男伴右脚横步;女伴左脚横步。
(5)男伴左脚在右脚跟后点踏;女伴相反。
(6)男伴重心移右脚;女伴重心移左脚。

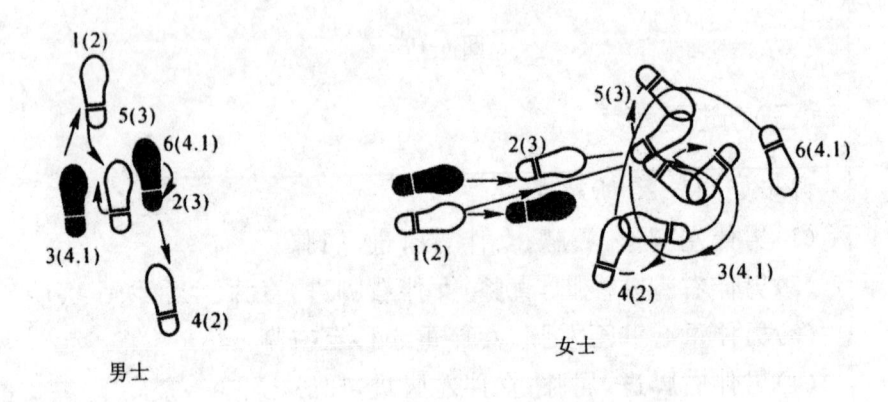

男士　　女士

图 6-21

(五)旁步

舞步动作如图 6-22 所示。

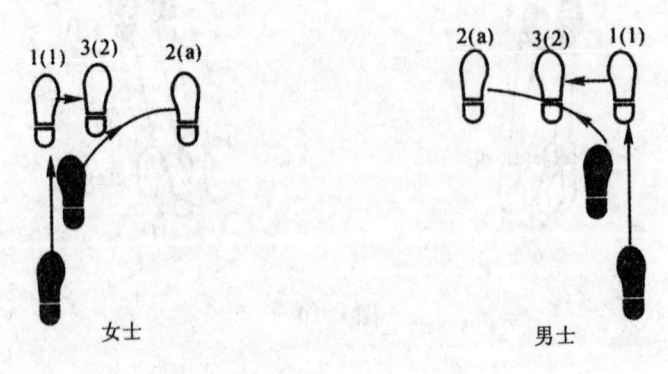

女士　　男士

图 6-22

(1)男伴右脚进；女伴左脚进。

(2)男伴左脚横步,右转1/4周；女伴右脚旁横步,左转1/4周。

(3)男伴右脚左后拖步；女伴左脚右后拖步。

(六)P.P.舞姿的桑巴走步

舞步动作如图6-23所示。

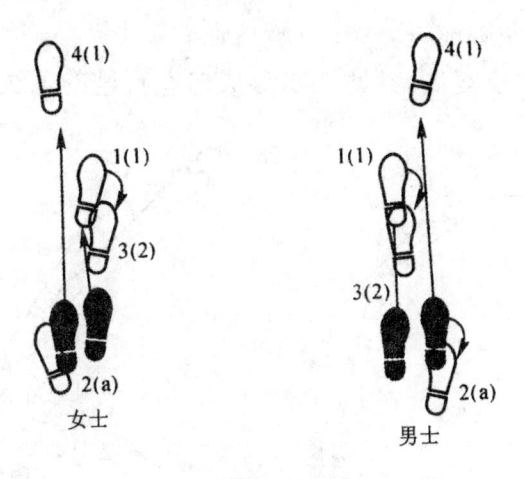

图 6-23

(1)男伴右脚进；女伴左脚进。

(2)男伴左脚尖退,左腿直后撑；女伴右脚尖退,右腿直后撑。

(3)男伴右脚后拖步；女伴左脚后拖步。

(4)男伴左脚进；女伴右脚进。

(5)男伴右脚尖后退,右腿直后撑；女伴左脚尖后退,左腿直后撑。

(6)男伴左脚后拖步；女伴右脚后拖步。

四、牛仔舞舞步学练

牛仔舞(Jive),又称"捷舞",由美国牛仔跳的一种踢踏舞("吉特巴")发展而来,热情欢快,舞步敏捷,节奏快,非常耗体力。但在体育舞蹈比赛中,牛仔舞通常安排在最后,旨在让观众觉得舞者在跳完四支舞蹈之后仍能接受新的舞蹈挑战,投入新的舞蹈,不觉得累,表现舞者的高超舞蹈素质,对于一般健身者而言,是健身舞蹈的佳选。

(一)基本舞步

站闭式舞姿,如图 6-24 所示。
(1)男伴右脚前进,女伴左脚后退。
(2)男伴左脚前进,女伴右脚后退。
以上动作反复做,共跳八步形成向左行进的弧线。

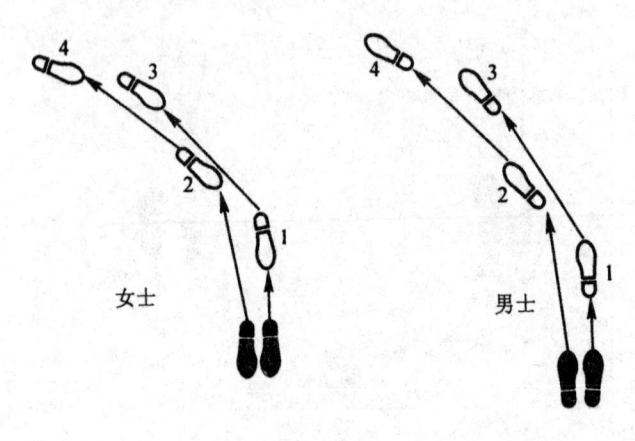

图 6-24

(二)连步摇摆

从开式舞姿到闭式舞姿开始的连接舞步,舞步具体如图 6-25 所示。

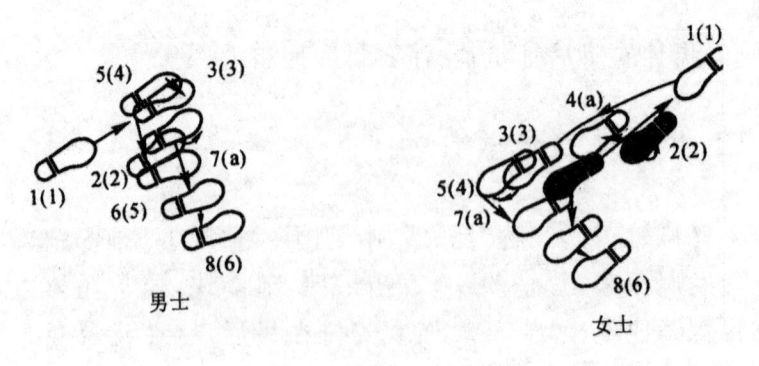

图 6-25

(1)男伴左脚后退,女伴右脚后退。

(2)男伴右脚原地踏一步,女伴左脚原地踏一步。

(3)男伴左脚前进,女伴右脚前进。

(4)男伴右脚向左脚半并步,女伴左脚向右脚半并步。

(5)男伴左脚前进;女伴右脚前进,都成闭式。

(6)男伴右脚横步,女伴左脚横步。

(7)男伴左脚向右脚半并步,女伴右脚向左脚半并步。

(8)男伴右脚横步,女伴左脚横步。

(三)美式疾转

舞步动作如图 6-26 所示。

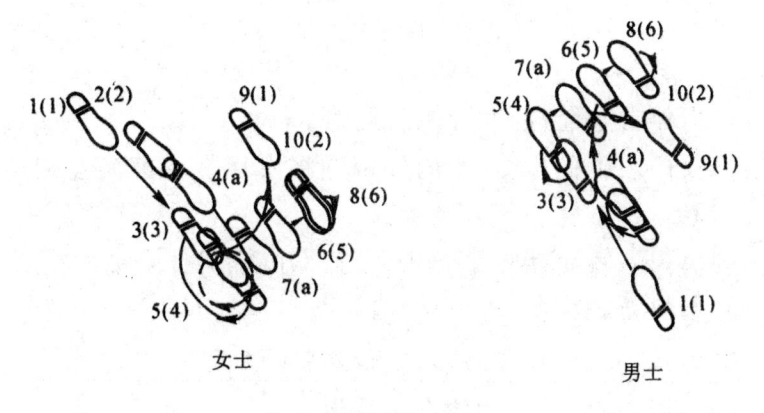

图 6-26

(1)男伴左脚后退,女伴右脚后退。

(2)男伴右脚原地踏一步,女伴左脚原地踏一步。

(3)男伴左脚进一小步,女伴右脚前进。

(4)男伴右脚向左脚半并步,女伴左脚向右脚后退一小步。

(5)男伴左脚前进,右手腕推女伴手,使其在后半拍时旋转;女伴右脚前进,脚掌为轴,在后半拍时快速右转 1/2 周。

(6)男伴右脚小横步;女伴左脚横步,继续右转 1/2 周。

(7)男伴左脚向右脚半并步,女伴右脚向左脚半并步。

(8)男伴右脚横步,女伴左脚横步。

(四)倒步抛掷

舞蹈过程中,男伴推抛女伴,使女伴经过自己身前再甩开(图 6-27)。

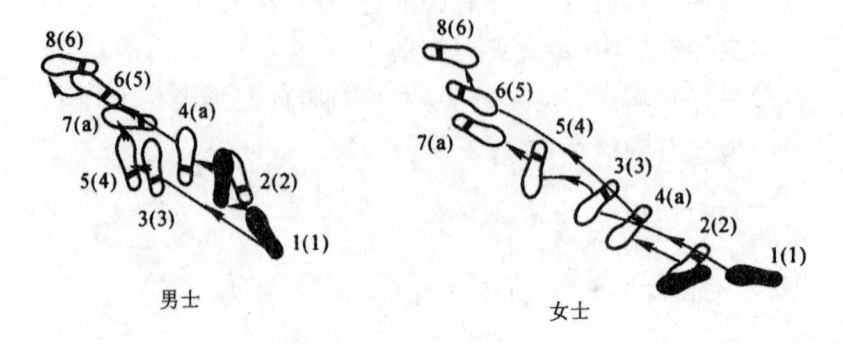

图 6-27

(1)男伴右脚前进,女伴左脚前进。

(2)男伴左脚横步,左手向外带领将女伴从身前向左边甩出;女伴右脚横退,左转。

(3)男伴右脚向左脚半并步,女伴左脚经男伴身前向前进。

(4)男伴左脚横步,女伴右脚横步。

(5)男伴右脚原地踏一步,女伴左脚原地踏一步。

(6)男伴左脚后退,女伴右脚后退。

(7)男伴右脚前进,女伴左脚前进。

(8)男伴左脚向右脚半并步,女伴右脚向左脚半并步。

(五)停和走

从开式舞姿开始,男伴带领女伴做两次旋转,中间有短暂停顿,舞步动作如图 6-28 所示。

(1)男伴左脚退;女伴右脚退。

(2)男伴右脚踏步;女伴左脚踏步。

(3)男伴左脚进,引女伴左转;女伴右脚横步左转。

(4)男伴右脚并左脚;女伴左脚并右脚,左转。

女士

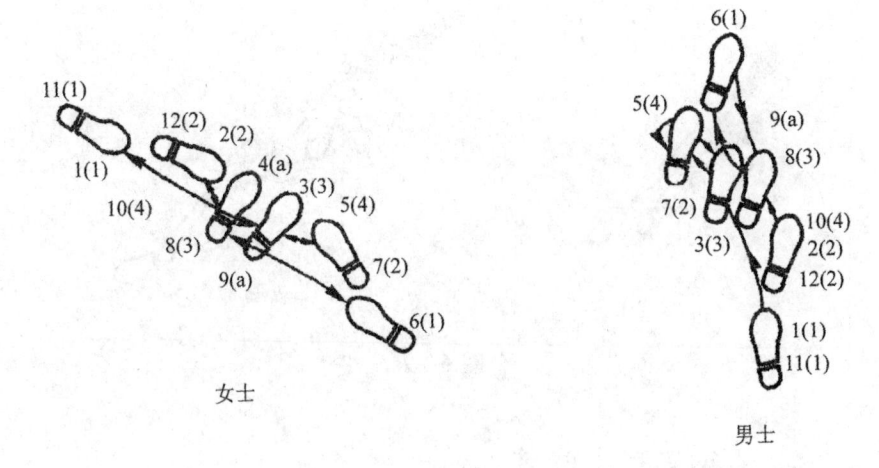

男士

图 6-28

(5)男伴左脚进,带女伴转至背对自己;女伴右脚进,快速左转,与男伴并排。

(6)男伴右脚进,后带女伴;女伴左脚退。

(7)男伴左脚踏步;女伴右脚踏步。

(8)男伴右脚后退,送女伴转身;女伴左脚大横步右转身。

(9)男伴左脚交叉并右脚,带女伴右转;女伴右脚向左脚半并步,右转。

(10)男伴右脚后退;女伴左脚后退,旋转完毕。

(六)鸡行步

舞步动作如图 6-29 所示。

(1)男伴左脚退;女伴右脚进。

(2)男伴右脚退;女伴右脚掌左拧,左脚进。

(3)男伴左脚退,女伴同(1)。

(4)男伴右脚退,女伴同(2)。

(5)男伴左脚退,女伴同(1)。

(6)男伴右脚退,女伴左脚进。

男士

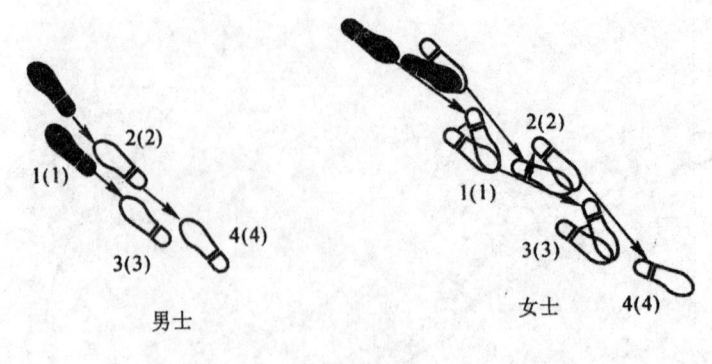

女士

图 6-29

五、斗牛舞舞步学练

斗牛舞(Paso doble),源于法国,盛传于西班牙,是一种两步舞。斗牛舞舞蹈过程中,男士象征斗牛士,女士象征斗牛士用以激怒公牛的红色,重视男伴的引领,因此,斗牛舞被称作称"男人的舞蹈"。斗牛舞脚步干净利落,无胯部扭动动作,但有大幅度的旋转与跳跃,表现斗牛士的潇洒、勇猛,男女动作都舒展、激烈。

(一)基本舞步

由站立闭式舞姿开始,舞步技术动作如图 6-30 所示。

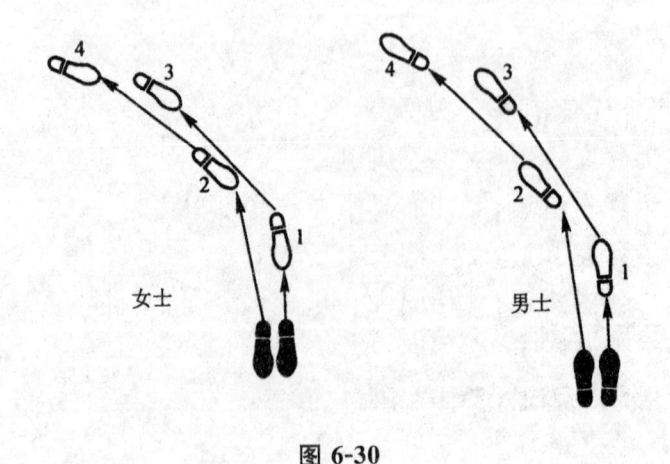

女士　　　男士

图 6-30

(1)男伴右脚前进,女伴左脚后退。
(2)男伴左脚前进,女伴右脚后退。
以上动作重复跳八步形成向左行进的弧线。

(二)攻进步

由站立闭式舞姿开始,开始时男伴面对中央,结束时男伴背对舞程线(图6-31)

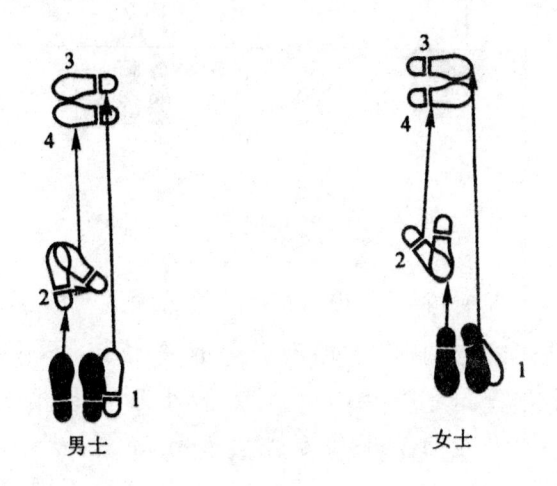

图 6-31

(1)男伴右脚原地跺步;女伴左脚原地跺步。
(2)男伴左脚前进一大步,左手轻推女伴,后半拍时左转1/4周;女伴右脚后退一大步,后半拍时左转1/4周。
(3)男伴右脚向旁大步滑出,屈膝成大弓步,左脚直腿旁伸,左臂向外划弧旁伸,与腰同高,身向左倾斜;女伴由男伴带领做相反的动作。
(4)男伴左脚收回并步,女伴右脚收回并步。

(三)推离步

由站立闭式舞姿开始,男伴背对舞程线(图6-32)。
(1)男伴右脚原地跺步,左手下放至腰部;女伴左脚原地跺步,右手下放至腰部。

男士　　　　　女士

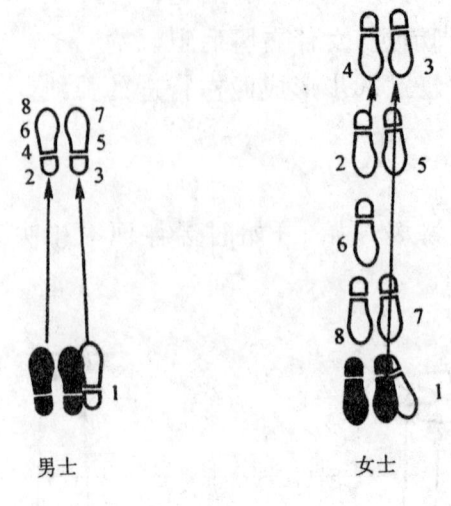

图 6-32

（2）男伴左脚前进一大步，左手前推女伴（不放开手），右手放开，使其后退；女伴右脚借男伴推势后退一大步，膝稍弯。

（3）男伴右脚向左脚并步；女伴左脚小步后退，渐渐直膝。

（4）男伴左脚原地踏步与女伴成开式舞姿；女伴右脚向左脚并步，直膝。

（5）男伴右脚原地踏步，女伴左脚前进小步。

（6）男伴左脚原地踏步，女伴右脚前进小步。

（7）男伴右脚原地踏步，女伴左脚前进小步。

（8）男伴左脚原地踏步，女伴右脚前进小步。

（四）行进旋转步

站立闭式舞姿开始。

（1）男伴右脚原地跺步，女伴左脚原地跺步。

（2）男伴左脚旁迈步，左转 1/8 周，成 P.P.；女伴右脚旁迈步，右转 1/8 周，成 P.P.。

（3）男伴右脚 P.P. 前进；女伴左脚踏在右脚前，右转一周，停在左脚前。

（4）男伴左脚 P.P. 前进；女伴右脚 P.P. 前进。

第六章 体育舞蹈细分舞种健身学练指导

(5)同(3)
(6)同(4)。
(7)同(3)。
(8)同(4)。

(五)变位十六步

闭式舞姿开始(图6-33)。

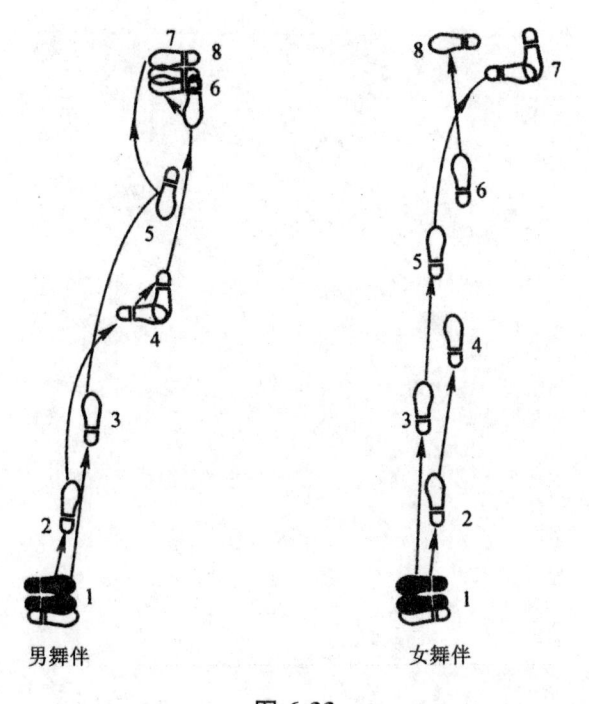

图 6-33

(1)男伴右脚跺步,左手打开,头右转;女伴左脚跺步,右手旁开,头右转。

(2)男伴左脚旁迈步,左转1/4周成P.P.;女伴右脚旁步,左转1/4周成P.P.。

(3)男伴右脚P.P.前进,女伴左脚P.P.前进。

(4)男伴左脚3/8周,左脚横步成闭式;女伴右脚前进,成闭式。

(5)男伴右脚后退,右肩引导;女伴左脚前进,左肩引导。

(6)男伴左脚后退,女伴右脚前进外侧步。

(7)男伴右脚并左脚,右转 1/4 周成 P.P.;女伴左脚横步,右转 3/8 周成 P.P.。

(8)男伴左脚踏步,女伴右脚重心前移。

第 9 至第 16 步同前第 5 动作(变位 8 步),但注意,第 9 至第 10 两步男伴踏步。

第七章 体育舞蹈拓展项目健身学练指导

体育舞蹈是一项具有开放性的体育运动项目,其开放性表现在自身不断对其他体育项目动作、音乐等元素的借鉴和吸收上,也表现在与其他体育运动项目的融合发展方面,这使得体育舞蹈不断发展创新,不断满足当下的竞技、健身发展需求。大众体育舞蹈健身者参与体育舞蹈健身,会接触到具有体育性质的丰富的舞蹈健身体系,这些内容的健身学练对促进体育舞蹈者的形体、气质、动作、表现力等的发展具有重要的促进作用。本章主要就体育舞蹈拓展项目的健身学练进行分析,以为体育舞蹈健身者丰富健身内容、参与健身实践提供更多健身指导与选择。

第一节 排 舞

一、排舞概述

排舞(Line dance),是排成一排排跳的舞蹈,是一种将舞蹈与音乐有机结合,并以艺术审美的方式进行娱乐和健身的运动,是一门身体与艺术相融合的艺术。

排舞是由一种早期的美国流行社交舞发展而来的,20世纪初期,当时在美国较为流行的社交舞有方块舞、圆圈舞和链条舞。由于这些舞蹈必须由男女相互结伴,按照方块或圆形的站位形式起舞,一些喜欢跳舞但没有舞伴的人被排除。后来,通过舞蹈站位形式的改变,由按照方块或圆形跳舞,改为单独跳或站成一排跳舞,使得更多人有机会加入集体社交舞蹈活动中,这种新颖的舞蹈形式就是排舞的雏形。

20世纪50年代,类似排舞的社交舞在美国广泛流行,20世纪70年代,Disco音乐再度兴起,为排舞奠定了音乐和舞蹈形式基础,随后排舞迅速传播开来。

2004年,排舞作为一项健身休闲项目被引入我国,排舞在我国叫做全健排舞(全民健身排舞),是大众重要健身项目。很快就在一些大中城市开展起来,一些排舞协会、排舞俱乐部和排舞培训机构如同雨后春笋般在我国各地涌现。

2008年,北京奥运会开幕式期间,排舞也作为参演项目进行了表演。同年11月,我国全键排舞队出访马来西亚国际排舞嘉年华载誉而归,中国经典排舞作品《永远的朋友》《卓玛》等震动世界排舞界。[1]

随着我国排舞健身的发展,排舞走进校园,诞生了校园排舞。2007年7月,中国教育学会在大连举办中学体育排舞高研班,同年8月厦门海沧中学在大课间推广排舞,高职引进排舞教学,标志着我国校园排舞的正式在校园推广与发展。校园排舞吸收了国际排舞的一些元素与舞码,结合校园元素、学生特点编排,更强调上肢动作,充满艺术性与青春活力,有助于学生的身心健康发展。[2]

现阶段,每年全民健身节和奥林匹克文化节活动中,都有排舞的身影,参与排舞健身的人越来越多。

二、排舞健身

排舞健身主要是各种组合动作的套路练习,在排舞套路中,融入了许多体育舞蹈的舞步,动作简单易学,风格独特,伴随着美妙的音乐,可在轻松愉悦中完成技术动作的学练,以达到健身健

---

[1] 钱宏颖,葛丽华. 体育舞蹈与排舞[M]. 杭州:浙江大学出版社,2011.
[2] 连仁都. 校园排舞[M]. 厦门:厦门大学出版社,2014.

心效果。

这里列举两个基本的排舞套路动作,具体动作内容学练如下:

(一)跨越德克赛斯华尔兹

舞曲风格:优美抒情、节奏鲜明。
动作特点:端庄典雅、舒展大方、华丽多姿。
起步:左脚开始。

1. 交叉前进步

第一节:脚步动作为第 1 拍左脚向右前方前进一步,第 2 拍右脚继续前进一步,第 3 拍左脚并右脚,同时向左转体 90°;手臂动作为左臂经下向内绕至侧平举,右臂侧平举。

第二节:脚步动作为第 1 拍右脚向左前方前进步,第 2 拍左脚继续前进一步,第 3 拍右脚并左脚,同时向右转体 45°;手臂动作为右臂经下向内绕至侧平举,左臂侧平举。

2. 前进后退步

第三节:第 1~3 拍左脚开始向前华尔兹。两臂经下向上摆至前平举。

第四节:第 1~3 拍右脚开始向前华尔兹。两臂继续向上摆至斜上举。

第五节:第 1~3 拍左脚开始向后华尔兹。两臂经上向下摆至前平举。

第六节:第 1~3 拍右脚开始向后华尔兹。两臂继续向下摆至侧下举。

3. 左旋转步

第七节:脚步动作为第 1 拍左脚向左旁侧一步,同时左转 90°。第 2 拍右脚前进一步,继续左转 90°。第 3 拍左脚并右脚,转体 180°;手臂动作为两臂经胸前向左摆至上举,掌心相对。

4. 前进步

第八节:第1~3拍右脚开始向左前方前进华尔兹。两臂前后绕环摆至右臂前平举,左臂后举。

5. 后退步

第九节:第1~3拍左脚开始向后华尔兹。右臂后绕,左臂前绕至左臂前平举,右臂后举。

6. 右旋转步

第十节:脚步动作为第1拍右脚向右旁侧一步,同时右转90°。第2拍左脚前进一步,继续右转90°。右脚并左脚,转体180°。第3拍右脚并左脚,转体180°;手臂动作为两臂经胸前向右摆至上举,掌心相对。

7. 交叉前进步

第十一节:脚步动作为第1拍左脚向右前方前进步。第2拍左脚并右脚,同时向左转体90°。第3拍左脚并右脚,左转体90°;手臂动作为左臂经下向内绕至侧平举,右臂侧平举。

第十二节:脚步动作为第1拍右脚向左前方前进步。第2拍左脚继续前进一步。第3拍右脚并左脚,同时向右转体45°;手臂动作为右臂经下向内绕至侧平举,左臂侧平举。

8. 左转步

第十三节:脚步动作为第1拍左脚前进一步,开始左转。第2拍右脚向旁横步,同时左转90°。第3拍右脚并左脚,转体90°;手臂动作为两臂经侧前摆至上举,掌心相对。

9. 后退步

第十四节:脚步动作为第1~3拍右脚开始后退华尔兹;手臂动作为两臂经前下摆至体侧。

(二)爱尔兰风情

舞蹈风格:踢踏舞风格。

动作特点:节奏明快,上身基本保持直立挺拔,脚步以小腿的动作为主,手臂动作简洁,多为直线的运动。舞步充满了跳跃性,活泼而欢快,积极向上。

全套动作共 5×8 拍,前奏:4 个 8 拍,4 个方向。

1. 第一节

第 1 拍:脚步动作为右脚沿地面朝左前 45°方向踢出,然后落地向侧一步。手臂动作为两臂自然下垂,五指并拢,贴于大腿外侧。

嗒:左脚在右脚后踏一步。手臂不动。

第 2 拍:右脚原地踏一步。手臂不动。

嗒:左脚沿地面朝左前 45°踢出。手臂不动。

第 3~4 拍:同 1~2 拍,方向相反。

第 5~6 拍:同 1~2 拍。

第 7 拍:左脚落地,右脚踏在左脚后微屈膝。

第 8 拍:双脚为轴向右转体 180°。

2. 第二节

第 1 拍:左脚上步,向右转体 180°。手臂动作同上。

第 2 拍:右脚上步,继续右转 180。

第 3 拍:左脚向前一步,微屈膝。

第 4 拍:右脚在左脚后踏一步。

第 5~6 拍:左脚向左侧做恰恰恰。

第 5 拍:右脚在左脚后点地,双腿微屈膝。

第 8 拍:双脚为轴右转 180°。

3. 第三节

第 1-嗒拍:左脚向右脚前一步,右脚在左脚后踏一步。右手五指并拢,在头右侧做敬礼状。

第2-嗒拍:左脚向右脚后侧一步,右脚在左脚前踏一步。手臂动作同上。

第3~6拍:同1~2。

第7~8拍:右脚向前弹踢腿,然后落地,左脚并右脚。

4. 第四节

第1-嗒拍:右脚上前一步,左脚原地一步。两臂自然下垂,两手贴于大腿外侧。

第2-嗒拍:右脚并左脚,左脚原地一步。

第3-嗒拍:右脚后退一步,左脚原地一步。双手成掌胸前平屈,掌心向下,头右转。

第4拍:右脚并左脚。两臂自然下垂,头还原。

第5~8拍:同1~4,方向相反。

5. 第五节

第1-嗒拍:右脚后退一步,左脚并右脚。

第2拍:右脚上前一步。

第3~4拍:同1~2,方向相反。

第5拍:左转90°,右脚原地一步。

第6拍:左脚向前弹踢一次。

第7~8拍:左、右、左落地3次。

第二节　民族舞

一、民族舞概述

我国历史悠久,民族众多,各族民族传统舞蹈各具特点。体育舞蹈传入我国之后,与我国民族舞蹈融合发展,相互借鉴、相互促进,丰富了我国民族文化和体育文化。学练民族舞蹈,对体育舞蹈的本土化与创新发展具有重要的指导与启发意义,也有助于运动者良好节奏感、舞姿表现、良好气质的培养,同时还更加激发健身者的民族情怀和爱国情感,以更积极地投身全民健身。

各民族在长期的发展过程中,形成了风格迥异的地区特色、多种多样的民族舞蹈。许多民族舞蹈具有较高的知名度和广泛的影响力,如汉族秧歌、龙舞、狮舞、蒙古舞、新疆舞、朝鲜族舞、傣族舞等,它们共同构成了我国丰富的民族舞蹈体系。

二、民族舞健身

我国民族舞体系内容丰富、种类多样、风格各异,这里重点介绍以下几种舞蹈的基本动作学练。

(一)秧歌

1. 基本体态

正步位,重心微前移,压下颌,微含胸,脚略勾,控脚腕,膝用劲。

2. 基本步位

包括正步(图 7-1)、踏步(图 7-2)以及丁字步三种步位。

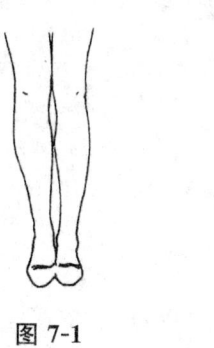

图 7-1　　　　　图 7-2

3. 基本舞步

(1)前踢步

右脚为动力腿。

Da:右脚蹭快速前踢 15°,快屈左膝。

第 1 拍:收右脚,直左膝。

Da:左脚蹭快前踢 15°,快屈右膝。

第 2 拍:收左脚,直右膝。

(2)后踢步

后踢步两拍完成。2/4(中速)以右脚为动力腿。与前踢步动作相同,方向相反。

(3)走场步

两脚交替向前(后)走,1 拍 1 步,屈膝,一步一顿,注意向后勾脚。

4. 手巾花

(1)握巾

五指松握手巾三分之一处。

(2)三指夹巾

手巾花对折,中指、食指、无名指三指夹巾(图 7-3)。

图 7-3

(3)挽花

手握手巾花,掌心向上,由外向里绕腕 360°。

(4)小五花

全指握巾,做法同古典舞中的小五花。

(5)单臂花

Da:右手左胸前里绕花(图7-4)。

第1~2拍:右手压腕,经下弧线到体旁。

Da:右手里绕花(图7-5)。

第3~4排:右手压腕,经下弧线到左胸前。

(6)双臂花

Da:右手至左胸前、右体旁里绕花(图7-6)。

第1~2拍:压腕经下弧线悠手至右胸前、左体旁。

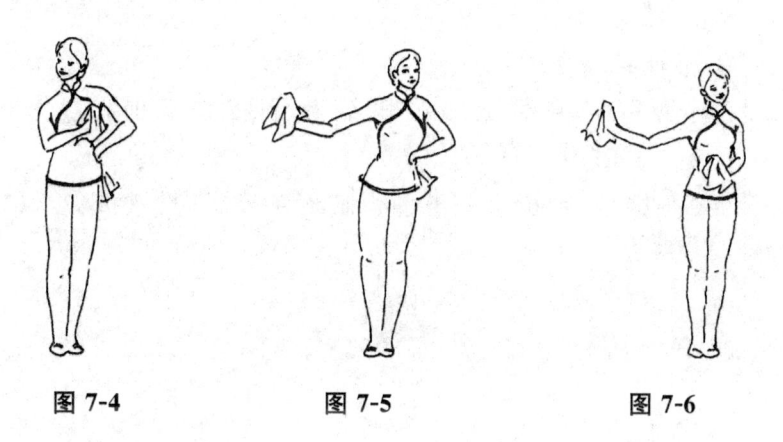

图7-4　　　　　图7-5　　　　　图7-6

(7)蝴蝶花

Da:腹前交叉里绕花,右上左下(图7-7)。

第1~2拍:压腕,经下分手到小燕展翅位。

Da:里绕花。

第3~4拍:压腕,直臂慢落。

(8)缠头花

Da:左手经左斜下悠至左斜上里绕花,右屈臂套头里绕花(图7-8)。

第1~2拍:左手下抹,右手以臂带手经肩前下掸。

(9)肩上花

Da:双小臂经上弧线里外绕花(右里左外)。

第1拍:右屈臂手落右肩上,左手打开至体旁,手心对上(图7-9)。

图 7-7　　　　图 7-8　　　　图 7-9

(10)下捅花

Da:体旁双屈臂经上弧线里绕花至右手胸前,左手腋下(图7-10)。

第1~2拍:右手指尖向下捅。腋下手经后脊椎、指尖下捅。

图 7-10

5. 常用舞姿

(1)双叉腰

双手背分别叉于腰际,双肘略向前,指尖对后斜下方(图7-11)。

(2)双扶胸

有两种做法,一种是双小臂折回,架肘与肩平,手腕上提,指尖轻点心窝(图7-12)。另一种做法是双手压腕、手心对前,其他同前一种。

（3）双抱头

屈臂、双肘略向前，双手分别于头部斜上两侧，上顶腕、手心对斜上（图7-13）。

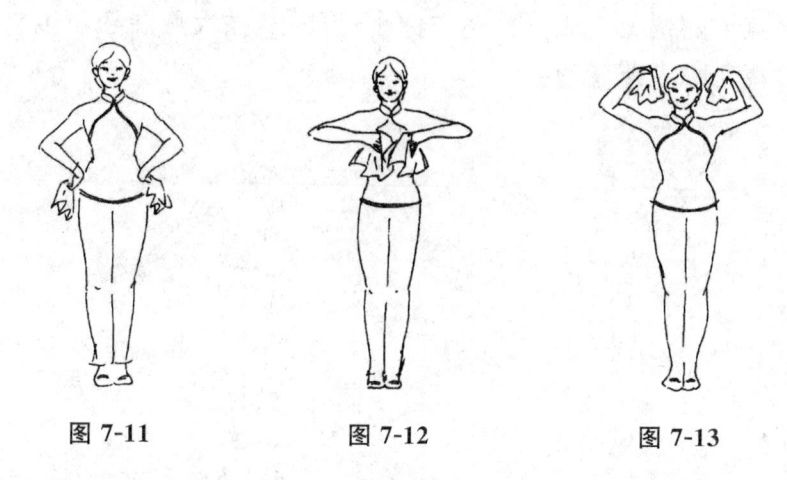

图 7-11　　　　　图 7-12　　　　　图 7-13

（4）单搭肘

以右为例，左斜前垂臂，右手搭于左肘部（图7-14）。

（5）双搭肘

右手搭于左大臂，左手搭于右大臂，大臂略抬起（图7-15）。

（6）双扣手

腹前屈臂呈椭圆形，右手心向上，左手心向下，中指相对虚点（图7-16）。

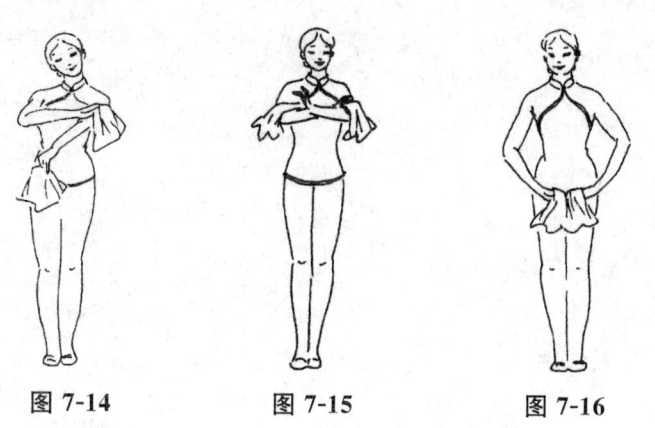

图 7-14　　　　　图 7-15　　　　　图 7-16

(7) 扶鬓手

右斜上、左胸前屈臂立掌,手掌前推(图 7-17)。

(8) 燕展翅

直臂,翘腕。双臂体侧斜下 45°(小),双臂体旁 90°(大)(图 7-18)。在小燕展翅位上完成直臂绕花称小燕展翅,在大燕展翅位上完成直臂绕花称大燕展翅。

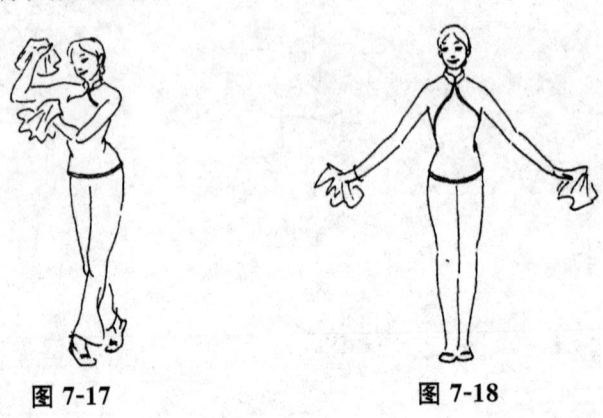

图 7-17 图 7-18

(9) 单展翅

左手叉腰,右手体旁立掌(图 7-19)。

图 7-19

(二)蒙古族舞

1. 基本体态

体对 2 方向,右踏步,双叉腰,提胯、立腰、拔背;上身略左拧,重心略偏后呈微靠状,目视 8 方向远方(图 7-20)。

图 7-20

2. 基本手型

(1)持鞭手:持鞭手:握空心拳,食指伸直作鞭。
(2)平掌:四指并拢,虎口自然打开,五指自然平伸,掌心放松(图 7-21)。
(3)自然掌:五指自然平伸(图 7-22)。
(4)空心拳:握空心拳,拇指弯曲按于食指第一关节处(图 7-23)。

图 7-21   **图 7-22**   **图 7-23**

3. 基本手位

(1)叉腰:双手空握拳,大拇指张开,四指第一关节插于胯骨处,手腕自然下压。
(2)斜上手:双手向体侧斜上平伸(图 7-24)。
(3)斜下手:分为两种形式,即体前斜下手、体前侧斜下手。前者双手于体前斜下平伸,与肩同宽(图 7-25)。后者体前侧斜下手:双手于体前侧斜下平伸(图 7-26)。

图 7-24　　　　　图 7-25　　　　　图 7-26

(4)平开手:双手向体旁平伸,手臂略呈圆弧形(图 7-27)。
(5)胯前按手:双手在胯前按手,指尖相对,呈圆弧形(图 7-28)。
(6)胸前按手:双手在胸前按手,指尖相对,呈圆弧形(图 7-29)。

图 7-27　　　　　图 7-28　　　　　图 7-29

(7)胸前交叉:双手胸前交叉,手背相对(图 7-30)。
(8)肩前折臂:双折臂至肩前,双肘与肩平,自然按掌(图 7-31)。
(9)后背端手:双手在体后端托手,指尖相对,呈圆弧形(图 7-32)。
(10)点肩折臂:双折臂与肩平,中指点肩(图 7-33)。

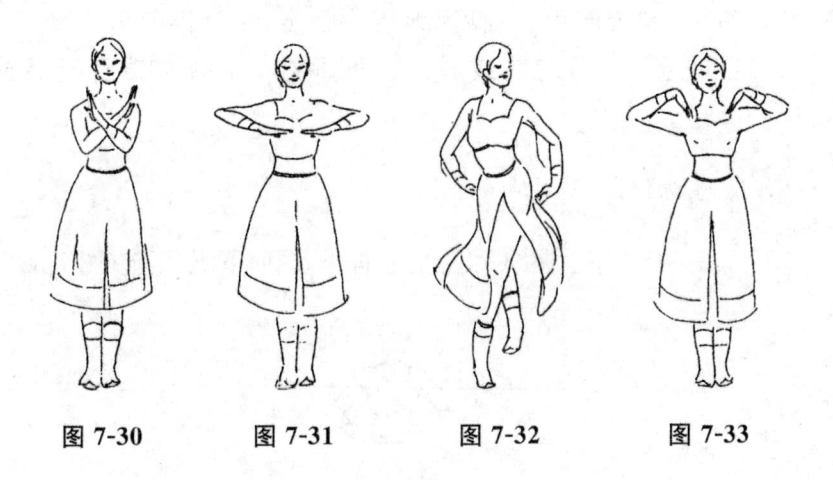

图 7-30　　　　图 7-31　　　　图 7-32　　　　图 7-33

4. 基本脚位

(1) 正步：双脚自然并拢，脚尖对前（图 7-34）。

(2) 踏步（以右为例）：小八字基础上，右脚向左斜后方向撤半步，前脚掌撑地，双膝内侧相靠（同基本体态）。

(3) 小八字：脚跟并拢，脚尖自然外开，呈"八"字状（图 7-35）。

(4) 大八字：小八字基础上，双脚相距约一脚距离（图 7-36）。

(5) 虚丁位：双脚右前左后，右前脚掌点地，重心后靠双膝略屈（图 7-37）。

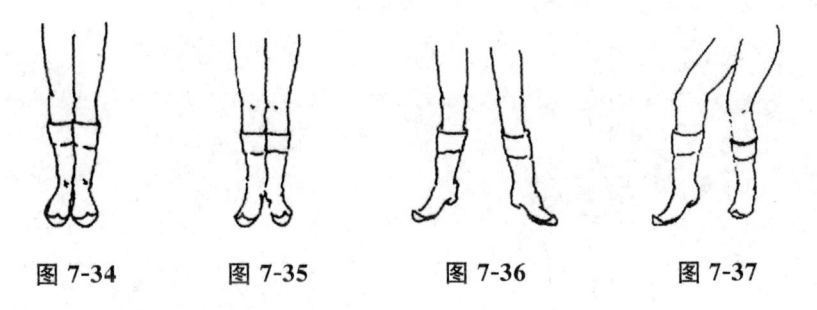

图 7-34　　　　图 7-35　　　　图 7-36　　　　图 7-37

5. 基本舞步

(1) 平步：抬脚跟，屈膝，双脚交替蹭地行进。

(2) 碎步：脚跟发力前走，步子小而快。

(3) 跟步：右脚左前迈步，左脚迅速跟上。

(4)错步:左脚前迈,右脚拖地成后踏步,左脚再前迈。

(5)迂回步:右脚向前或右走三步平步,左倾左转身至后或左,换左脚走。

6. 勒马动作

(1)单手勒马:左手握拳叉腰,右手伸拳,屈肘下沉,压腕(图7-38)。

图 7-38

(2)双手勒马:体前屈臂,握拳,左手在前,右手在左手手腕处,拳眼相对压腕(图7-39)。

(3)高勒马:右脚重心,左高吸腿,双手于斜上方勒马,上身后仰(图7-40)。

图 7-39　　　　图 7-40

(4)扬鞭勒马:左手体前勒马,右手持鞭由下经前往上举,身体略后仰。

(5)加鞭勒马:左手体前勒马,右手持鞭由上经前向后甩鞭,身体前倾。

(三)傣族舞

1. 基本手型

(1)立掌:指尖冲上,手心冲外。

(2)横立掌:手掌横立,手心冲前。

(3)提腕掌:掌形手,手心朝下为"背提腕掌",手心朝上为"内提腕掌"。

(4)托掌:掌形手,手心冲上。

(5)摊掌:掌形手,指尖朝下,掌心朝外,内提腕折腕状。

(6)嘴形:掌形手,食指与拇指并捏;其余三指张开(仿孔雀嘴形)。

(7)冠形:食指与拇指弯曲相捏成圆,其余三指扇面张开(像孔雀冠子形状)。

2. 基本臂型

手臂呈现"三道弯":肩、肘、腕同时屈。

此外,傣族舞蹈"三道弯"包括躯体(头、胯、膝)三道弯、腿部(髋、膝、脚腕)三道弯。

3. 基本脚位

(1)正步位

并足踩地,脚尖对前。

(2)自然位

并膝、并脚跟,脚尖分开。

(3)"丁"字位

全脚"丁"字位:左脚自然位,右脚脚尖对二方位,在距左脚弓内侧一拳位置全脚踩地。

掌点"丁"字位:在全脚"丁"字位的基础上,提右脚跟。

跟点"丁"字位:在全脚"丁"字位的基础上,勾右脚尖。

(4)"之"字位

全脚"之"字位:左脚自然位,右脚外开,在左脚正前。

掌点"之"字位:在右全脚"之"字位基础上,重心后移,左脚屈膝,右脚跟提起。

跟点"之"字位:在右掌点"之"字位基础上,左腿重心,右脚向上勾起外开。

4. 基本腿型

(1)点地腿型

垂膝点地:动力腿膝与主力腿紧靠,屈,膝以下脚掌主动点向运动方位。

提膝点地:动力腿屈提膝,脚尖点向各方位。

(2)抬腿腿型

垂膝勾抬脚:动力腿紧靠主力腿,膝以下勾脚,抬向各运动方位。

提膝勾抬脚:动力腿屈膝提大腿,面冲上勾脚向各运动方位。

5. 基本步伐

(1)平步

①赶摆步

节奏:快速,2拍完成。

准备:正步,垂臂站立。

嗒:双腿稍屈伸,左脚稍抬前。

第1拍:左全脚落前屈膝。右脚跟提起。

嗒:左腿稍直,右脚贴地前抬。

第2拍:右全脚落地屈膝,左脚跟提起。

②错平步

节奏:中速,4拍完成。

准备:正步垂臂站立。

嗒:右腿屈,左脚向前稍抬起。

第1拍:左脚向前落地错一步稍抬的同时,膝部屈伸一次,右腿屈膝跟到左脚后,用前脚掌踮地一次。

第2拍:左脚落前慢屈膝,右脚紧跟其后。

嗒3~4拍:做反面。

(2)后踢步

①顿(屈伸)后踢

节奏:稍快,4拍完成。

准备:正步位垂臂站立。

嗒:双腿顿屈,右腿顿直,左腿快速向后勾踢起。

第1拍:左全脚迈落前成重心腿顿屈膝,右脚跟提起。

嗒:左膝顿直,右腿垂膝勾脚快速后踢。

第2拍:做第1拍反面。

②蹲后踢步

正步,双腿并拢保持在半蹲姿态上,双腿勾脚快速交替后踢,无屈伸动律,动作轻巧敏捷。

③跳后踢步

节奏:快速,2拍完成。

准备:大"八"字位(或小"八"字位)

嗒:右腿稍屈,左脚向后勾抬。

第1拍:主力脚跳起,左脚落地屈膝,同时,右勾脚后踢臀部,保持双膝外开。

第2拍:主力脚跳起,右脚落地屈膝,同时,左勾脚后踢臀部。

(3)"丁"字走步

节奏:中、慢速,2拍完成。

准备:对一方位,站右点"丁"字位,双手叉腰。

嗒：双腿屈伸,右勾脚后抬；左拧身视八方位。

第1拍：右脚向右侧迈落慢屈膝,在直起的同时,左屈膝勾脚向左侧后踢起,拧身向右。

第2拍：左脚外开迈向右脚外侧,屈直膝的同时,右脚屈提膝勾脚后踢起。

(4)"之"字走步

节奏：中、慢速。2拍完成。

准备：自然位,垂臂。

嗒：右脚稍屈伸,左垂膝勾脚向左侧后踢起,身体右拧,视一方位。

第1拍嗒：左全脚外开,迈落在右脚前一足距离成之字位,然后,慢压屈膝,重心由后移到前脚,身体左拧。

嗒：左脚速直,右垂膝勾脚向右侧后踢起,身体拧向左侧。视一方位。

第2拍嗒：做第1拍嗒拍反面。

(5)踮步

①交替踮步(可进退、横走)

节奏：慢、中速。4拍完成。

准备：正步位。

第1拍：左脚迈前一步,屈膝,右脚紧跟到左脚旁提悬。

嗒：右腿屈,用半脚掌落地稍直膝的同时,左脚即稍前抬。

第2拍：左脚全脚落地屈膝,右脚紧跟左脚旁提悬。

嗒：左腿直起的同时,右脚稍前抬。

第3~4拍：接做1~2拍反面脚。

②碎踮步

节奏快速,单侧脚连续做"交替踮步"前1-嗒拍动作,可做进、退、横向、S形、圆圈或原地转圈等。

(6)错步

①正错步

节奏：2拍完成。

准备：正步或自然位站立。

第1拍：左脚贴地面迈前成重心脚之后屈膝,右脚在后稍提。

嗒:右脚迈前脚掌着地稍直膝,左脚蹬地迈前。

第2拍:左脚全脚着地成主力腿稍屈膝,右脚紧贴左脚内侧。

第3~4拍:反面。

②蹲裆横错步

节奏:1拍完成;快速。

准备:大"八"字蹲裆步,面对一方位准备。

第1拍:用左脚外沿主动向左旁迈一步,右脚贴地提悬左脚旁。

嗒:保持半蹲脚尖冲前状,右脚全脚着地,左脚提起沿地面迈向左侧。

③点错步

节奏:4拍完成。

准备:自然位。右脚上步屈伸一次,左提膝自然脚形稍抬向前。

第1拍:左屈膝垂脚在前之字位点吸起一下,同时,右脚向前错一步并屈伸一次。

第2拍:左全脚落前屈伸一次,右脚自后提起到左脚前。

第3~4拍:做反面。

第三节　广场舞

一、广场舞概述

广场舞(Chinese fitness dancing,Chinese Square Dance)是由我国人民群众创造的舞蹈,它以集体舞为主要表演形式,以娱乐健身为主要目的,广场舞的集体运动形式,伴随高分贝、节奏感强的音乐,为大众健身、休闲、娱乐、交际提供了良好的条件。主要在广场、公园、院坝等开敞空间开展。

现阶段,在全民健身背景下,我国广大人民群众积极投入体育健身运动,广场舞在我国城镇和农村都流行广泛,中老年人群是主要参与人群。

2015年11月7日,18 431人在中信国安天下第一城跳起改编版的广场舞《小苹果》,创造了世界最大规模排舞(单场地)纪录。

2017年11月13日,体育总局发布《关于进一步规范广场舞健身活动的通知》,进一步规范了我国广场舞的发展。

中国广场舞随着中国中老年人的出行,在世界各地都留下了身影(广场舞快闪活动),在世界范围内宣传了我国健身文化、推广了广场舞健身舞蹈新形式。

二、广场舞健身

(一)广场舞基础健身

广场舞,是舞蹈艺术中最为庞大的体系,广场舞融入了多种舞蹈元素和体育运动项目,如体操、健美操、体育舞蹈)的元素,运动健身在我国各地广泛流行,因地域的不同,群体的不同,广场舞的舞蹈形式也不同。

广场舞的健身舞蹈元素多种多样,充分融入了多种舞蹈元素,并与当下的通俗、流行的音乐曲目相结合,创编成具有健身作用的动作套路,集体练习过程中,众多健身者在领舞者的带领下,跟随音乐完成一曲(一套)健身动作。

初学者和新曲目的广场舞蹈动作健身练习,方法如下:

(1)分节练习:每节动作分别练习。

(2)分段练习:将全套动作分成几段,每次专门练习一段,最后将各段连接起来练习。

(3)对称练习:一节动作中,按左右路或前后排,在方向、部位、方法等方面做对称练习。

(4)连续练习:全套动作从开始至最后不停地连续完成。

(5)断连练习:在某一、两节动作暂停,分节练习。

(6)重复练习:每节动作先练二八拍后纠正,再重复练习。

(二)广场舞套路动作健身

以广场舞十六步练习为例,舞步动作如下,手臂动作配合下肢动作自由摆动。

(1)首先双脚并立。左脚向左一步。

(2)右脚并向左脚。

(3)左脚向左一步,站稳作为后三步的重心。

(4)右脚退至左脚的后方靠右。

(5)右脚向前一步放下。

(6)右脚向后一小步接触地面但不要放下。

(7)右脚收回向右旋转90°,右脚横在左脚右边一小步的位置。

(8)身体向右旋转1/4圈,左脚移至右脚的左边一步的位置,脚尖点地。

(9)左脚向前放在右脚正前方。

(10)右脚移至左脚右边一步的位置,脚尖点地。

(11)右脚向前走放在左脚的正前方。

(12)左脚向左移一小步,放在右脚的后方靠左的位置。

(13)右脚向右放在左脚靠右一步的位置。

(14)左脚并向右脚。

(15)右脚向右走一步。

(16)左脚并向右脚。此时并脚的位置和第一步之前的位置形成一个90°角。

重复上述脚步动作,每四轮的并步可组成一个正方形。

参考文献

[1]王华等.21世纪体育系列规划教材:体育舞蹈[M].北京:北京师范大学出版社,2018.

[2]姜桂萍.体育舞蹈(第二版)[M].北京:高等教育出版社,2017.

[3]朱萍.体育舞蹈[M].杭州:浙江大学出版社,2016.

[4]国家体育总局职业技能鉴定指导中心组编.体育舞蹈[M].北京:高等教育出版社,2012.

[5]张瑞林,王浩,陈向阳.体育舞蹈(第2版)[M].北京:高等教育出版社,2011.

[6]张晓萍.体育舞蹈[M].大连:大连理工大学出版社,2012.

[7]荣丽.体育舞蹈基础教程[M].北京:北京航空航天大学出版社,2007.

[8]姜桂萍.体育舞蹈[M].北京:高等教育出版社,2008.

[9]胡锐,边一民.现代礼仪教程[M].杭州:浙江大学出版社,2004.

[10]朱燕.现代礼仪学概论[M].北京:清华大学出版社,2006.

[11]王瑞元,苏全生.运动生理学[M].北京:人民体育出版社,2012.

[12]商虹.体育心理学[M].成都:西南交通大学出版社,2010.

[13]毛志雄,迟立忠.运动心理学[M].北京:中国人民大学出版社,2015.

[14]王瑞元,苏全生.运动生理学[M].北京:人民体育出版社,2012.

[15]陈松娥.运动健身与合理营养[M].湖南:湖南大学出版社,2007.

[16]邹克扬,贾敏.运动医学[M].北京:北京师范大学出版社,2010.

[17]王步标,华明.运动生理学[M].北京:高等教育出版社,2012.

[18]赵晓玲,彭波.形体训练(第三版)[M].北京:科学出版社,2012.

[19]人力资源社会保障部教材办公室.形体训练(第四版)[M].北京:中国社会劳动保障出版社,2016.

[20]体育舞蹈运动教程编写组.体育舞蹈运动教程[M].北京:北京体育大学出版社,2015.

[21]颜飞卫.大学健美操、体育舞蹈、排舞教程[M].北京:北京师范大学出版社,2012.

[22]钱宏颖,葛丽华.体育舞蹈与排舞[M].杭州:浙江大学出版社,2011.

[23]连仁都.校园排舞[M].厦门:厦门大学出版社,2014.

[24]马士珍.体育舞蹈文化在我国的传播及发展研究[D].山东师范大学,2014.

[25]王芹.聊城健身俱乐部少儿体育舞蹈开展现状的研究[D].辽宁师范大学,2017.

[26]于会.我国部分城市中老年体育舞蹈开展现状及对策研究[D].武汉体育学院,2007.

[27]王艳芬.郑州市体育舞蹈俱乐部开展现状及对策研究[D].河南师范大学,2013.

[28]王东礼.体育舞蹈对促进武汉市社区体育文化建设的研究[D].武汉体育学院,2009.

[29]饶帆.体育舞蹈大众化实施途径的理论与实证研究[D].湖南师范大学,2014.

[30]娄菲.全健排舞在济南市大众健身中的开展现状与推广

策略研究[D].山东师范大学,2013.

[31]李树伟.体育舞蹈在大众健身运动中的地位[J].牡丹江大学学报,2008,17(05).

[32]张红霞.体育舞蹈在全民健身中的地位和作用[J].体育世界(学术版),2012(08).

[33]刘伟校.我国体育舞蹈俱乐部发展现状分析[J].当代体育科技,2018,8(02).

[34]韩芝琴.体育舞蹈在全民健身运动中的推广价值[J].当代体育科技,2014,4(21).

[35]丁辉.高校体育教学对大众健身运动发展的促进作用研究[J].长春教育学院学报,2013,29(02).

[36]孙林,金燕.我国体育舞蹈赛事的发展[J].体育文化导刊,2013(03).

[37]马波.我国学校体育与大众体育健身协调发展研究[J].青少年体育,2016(39).

[38]邓晓彬.论广场舞蹈的功能与发展[J].艺术科技,2014,27(06).

[39]戈俊.身体素质拓展对体育舞蹈教学必要性研究[J].体育世界,2013(11).

[40]戈俊.试述摩登舞教学对实施大学生素质教育的促进作用[J].体育世界,2013(08).